判事がメガネをはずすとき

最高裁判事が見続けてきた世界

千葉勝美［著］

日本評論社

はしがき

1　ロバート・キャパ（Robert CAPA）の随筆『ちょっとピンぼけ』（Slightly out of focus 新潮文庫に翻訳がある。）は、多くの人々（特に女性）から愛されたこの世界的に著名な戦場カメラマンの撮影に向かう心情や生々しい撮影現場での出来事を綴ったものである。そこでは、ピントの合ったシャープで迫力ある映像を切り取ることに命を賭け、それこそが生命線である彼にとって、写真そのものとは違う、彼のカメラマンとしての仕事場である戦場での様々な感慨や報道写真に対する強い思いが溢れ出ており、彼の作品を理解する際の通奏低音のような趣を見せている。また、彼の文章ではなく、報道写真自体の中にも、鮮明でピントの合った本来の映像とは別に、モノクロのコントラストだけが生と死の狭間での緊迫した雰囲気を圧倒的な迫力で伝えているものがある。連合軍によるノルマンディー侵攻作戦で、海上からのボートでオマハビーチへ上陸する場面を撮った写真では、敵の弾丸が飛び交う中で、荒波を乗り越え銃を構えながら上陸しようとする兵士や船の残骸の姿が、ピンボケどころか、シルエットとしてしか映っていない。そうであるのに、敵側からの弾丸に背を向けてカメラを構えて撮った彼のそんな映像こそが、逆に、行き詰まるような現場の兵士達の緊張感、張り裂けるような心臓の鼓動をしっかりと伝えるものとなっている。

このようなちょっとピンぼけの話は、三〇年来、野鳥の写真撮影を趣味にして、超望遠レンズと重い三脚を担いでフィールドを彷徨ってきた私にとって、ファインダーに捉えた〝野生の視線〟とは別に、そこに至るまでの数々の喜びと落胆の思い出とどこか重なるように感じられるのである。

2　裁判官にとっても、主戦場ともいうべき裁判においては、常に何が正義なのかを自らに問い掛けながら、事実の認定と冷厳な法の適用を行うのであり、弾丸こそ飛び交ってはいないが、常に緊張感の中にあって全人格的判断・決断が求められる。私としては、事件の膨大な記録と格闘し、事案の本質に焦点を当てて悩んだ末、判決書を作成し終えたり、あるいは和解の勧試の筋道が頭の中で出来上がったりした深夜、ほっとしてメガネを外してまぶたを押さえる瞬間こそが、ささやかな至福のひとときであった。そこでは、仕事が一区切り付いた安堵感と共に、事件の登場人物の喜びや悲しみに包まれたかすかな叫びや思いが心の中に聞こえてきて、事件当事者一人一人の姿が脳裏に浮かんでくるのである。

本書で紹介するものは、明快な論理と法令・判例と強い意志力による決断が支配する裁判において、私が裁判官として、判決文の中に結んできたピントの合った（はずの）像の話ではない。むしろ、それとは別に、どのような結論、解決が正義に適い、あるいは、より良い解決となるのかについて迷い続けてきたが、その過程でいわば心の中のファインダーを通して見ようとして果たせなかったものや、裁判を生業としてきた一法律家が普段感じた様々な社会事象等に対しての感慨などを綴ったものである。それは、裁判官としての全人格的な判断の基となる、価値観、公正な利益衡量、これからの社会のあるべき姿についての観念、法の世界から離れた趣味の世界で学んだこと、沢山の人々との交遊、教えられた生き方、未来への希望等々であるが、それらは、私の知識、経験、理解力の乏しさのため、物事の本質を捉えたものかどうかは心許ない文字どおりピンぼけの映像の数々である。

裁判官は、鳥類にたとえれば、フクロウに匹敵する希少種であり、一般の人々は、その実像を身近に見ることも少なく、「裁判官とは何者か」はあまり知られていない。私は、最高裁判事として過ごした六年八か月を含め、合計で約四五年もの間、裁判官を務めてきたが、私がこれまで写し出そうとしてきた映像は、いわば私自身の生き様の反映でもある。珍しいという以外に劇的な要素の少ないしろものではあるが、ファインダーを覗いて求める像をやっと捉えた時の私の胸の高鳴りや、希少種としての日々の思いは、私にとっては貴重な宝物となっており、それらの勝手なお裾分けをお受け取りいただければ幸いである。

3 本書は、次の三つの構成から成っている。

第一部「裁判官の日常と思索」は、私が、裁判の仕事を通して感じた裁判官・法曹としての思いや、趣味の世界での心ときめく出来事等を紹介した随筆や散文を幾つか集めたものである。第二部「裁判の楽しさ・醍醐味とは？」は、早稲田大学の法学会大会での講演録を一部修正して再録したものであるが、法学部で司法について勉強を始めようとしている大学一年生、法曹という仕事に関心がある学生や一般の方々等を対象に、裁判官あるいは弁護士を含め法曹としての仕事の面白さを紹介したものである。さらに、第三部「裁判官が覗いたフランスの世相――その光と影」は、一九八二年三月から一九九五年四月まで、ほぼ年に四回の割合で、一般財団法人・法曹会の機関誌「法曹」の表紙の裏に載せたフランスの世相を紹介したコラムで、全五二編の中から、法律家以外にも興味を持っていただけそうな内容の二一編を選んで再録したものである。

いずれも、軽い内容のものばかりであるが、裁判官がどんな人種で何を考えていたのか、これまであまり知られていない姿に触れていただくこと（そして、これまでの裁判官像と少しばかり異なるものを感じていただくこと）があれば、正に望外の喜びである。

最後に、本随筆集の刊行に際して、普段から私の話に興味を持たれて、この企画の実現のため、多くのアドバイスと様々な御尽力をいただいた株式会社日本評論社法律時報編集長上村真勝氏に対し、深甚なる感謝の意を申し述べる次第である。

＊

目次

はしがき　i

第一部　裁判官の日常と思索　1

一　「心の中の宝石」――民事裁判官の思い出話
二　中島みゆきの歌の世界と司法との交差点
三　野鳥カメラマンの心惹かれる日々
四　熟年夫婦のバラ栽培・クロニクル（年代記）
五　未来に繋がる司法の歩み
六　事実から導かれる法を求めて
七　グローバリズムの行く末と司法が残すべき足跡
八　所長宿舎の庭から――甲府市愛宕町の四季の野鳥達

第二部　裁判の楽しさ・醍醐味とは？　109
裁判の楽しさ・醍醐味について――裁判は自らを写し出した映像

第三部　裁判官が覗いたフランスの世相――その光と影　139
1　「今日の献立は牛の頭だが、君は食うかね？」
2　「アンヴァリッドでのレクィエム」
3　「ギロチンは〝ダモクレの剣〟であったのか？」
4　「怒れる警察官、街頭へ繰り出す。」
5　「あたし、すごく変わったでしょう……」
6　「一瞬にして砕かれた老夫婦の人生……」
7　「ワインのない食事、それは、愛する母のいない母の日のようなもの」
8　「シダ（エイズ）の恐怖は、先週、俳優のロック・ハドソンの死によって更に増幅された。」
9　「私には人生はつらすぎる。」
10　「ホールでは、……すべてが夢のような幸福感に浸ることができた。」
11　「マレーネ・デートリッヒが昼にテラスで日向ぼっこをし、……」

12 「サルバドール・ダリ—最後の巨匠の死」
13 「シャンゼリゼ通りの大群衆にとって、それは真夏の夢であった。」
14 「鵜と戦争しているのだろうか?」
15 「ラ・ボエーム! ラ・ボエーム! それは君が美しいということ。」
16 「ポール・ボキューズは軍を召集した。なぜなら、彼はマクドナルドから挑発されたと感じているからである。」
17 「洋梨とチーズの間で」
18 「彼女は我がもの顔で街中を走り回っている。」
19 「誘惑から免れる唯一の方法は、誘惑に身を委ねることである。」
20 「フィギアスケートでのキャンデロロの演技と名優ジャン・ルイ・バローのパントマイム」
21 「祖国の問題というのは、その根源を探ると、おそらく言語の問題に帰着するのだ。」

第一部

裁判官の日常と思索

一　「心の中の宝石」——民事裁判官の思い出話

（「法曹」七二〇号：二〇一〇年一〇月号）

1　最初の失敗

「間（あいだ）を取って、一二〇万円でどうですか？」江東区にある賃貸の古い木造家屋からの立退料を巡る和解の席で、私は、原告、被告本人双方に対して、自信を持って裁判所の和解案を提示してみた。一五〇万円と九〇万円まで歩み寄り膠着状態になったため、裁判所の出番だと考えたのである。ところが、思い掛けなく、あっさりと双方から「限度いっぱい譲歩してきたので、これ以上無理です。」と拒否されてしまった。戦前からあるこの木造家屋は、原告の賃貸人の主張では、朽廃状態にあり建て替えなければ危険であるから、賃貸借契約は終了しているというもので、腐れかかったように見える柱や屋根の写真が多数書証として提出されていた。被告の借家人は、しっかりした建て付けで、まだまだ住めると言って建物内部の写真を提出して頑張っており、出て行くなら、引っ越し費用等で最低一五〇万円は必要であるとして譲らなかった。

昭和四七年四月、新任判事補として、東京地裁民事一八部に配属になった私は、合議事件の主任を任されており、部総括は、民事、行政事件の大ベテランである井口牧郎判事であった。勉強になるからといって、多くの事件を合議に回し、どのように処理するかを含めて手続の進行等はすべて私に任せていただいていたが、その中では比較的簡単そうな事件であった。対象家屋が朽廃とまでいえるかどうかは別として、写真からみるとひどく古い家屋であることは明らかであり、しかるべき立ち退料の支払で簡単に話合いができると考えて、和解手続に付し、裁判官として初めて臨んだ事件であった。我々としては、普段見慣れたありふれた事件の一つのように見えたが、当事者にとっては、生活がかかった重大事件であり、必死の思いで臨んでいるのであろう。わずか数十万円の差と思って軽く考えた己の不明を恥じた次第である。

井口部長は、和解が不調に終わったことを報告すると、優しい口調で、一度現地を見てからもう一度対応を考えようといわれた。そして、この事件は、その後、弁論手続に戻し、検証が行われたが、実際に現地で検分すると、手で押せば倒れそうなほど、文字どおり朽廃（寸前）状態であることが分かり、それを踏まえて再度和解を行ったが、以前とは異なり、立ち退料六〇万円で苦労せず話がまとまった。裁判所が行う和解は、単に当事者の言い分の仲介や調整をするのではなく、十分な根拠なり方針を基に説得しなければいけないということを教えられた、苦い、そして忘れられない経験である。

私は、その後、裁判事務としては、専ら民事事件を担当し、多くの和解を経験してきた。若い時代は、話合いがうまくいかず、落ち込んだり悔しい思いを繰り返し、先輩に相談したり、成功談を聞かせていただいたりしながら、紛争の解決を模索する日々であったが、その中で味わった喜びや悩みが、今でも昨日のことのように思い出される。これは、私の若かったころを中心に、自分の体験や先輩から教わった話の中から、今でも忘れられないエピソードを紹介するものである。読み返すと、たまたま話合いがうまくいったものが多くなってしまったが、一民事裁判官の思い出話としてお許しいただきたい。若い判事補諸君等になにがしかの参考になれば幸いである（注）。

（注）紹介する事案は、実際の事件を素材にはしているが、当事者のプライバシー等の問題もあり、趣旨を損なわない範囲で修正と脚色をしている。特に和解の席での話は、実際の事件のものとは異なることをお断りしておきたい。また、本稿は、和解に関する法理論や司法観を披露するものではなく、文字どおりの思い出話である。

2　地域性と和解

ア　こだわりの強い人に対する説得

私は、任官六年目の夏に、京都地裁に赴任し、初めて関西での生活を経験した。そこでは、京都、大阪での地域性が和解をする際に大きな意味を持つことを身をもって知り、また、関西在住の先輩方からもその点について様々な有益な御教授をいただいた。

京都の人は気位が高く、理屈にこだわる人が多いため、京都という土地柄は和解が難しいところであるといわれることがある。ここは一〇〇〇年の都であり、長く続いた歴史や伝統、輝かしい文化が蓄積されたところであって、私のようなものからすると、確かに京都人には一種のこだわりがある人が多いような気がする。しかし、和解ということになれば、他と比べて難しいということは全くなく、私としては、こだわりのある人の話を聞き、説得をすることの大変さと同時に面白さを味わい、京都での和解特有の奥の深さを感じさせられた。当時、京都地裁第五民事部では、一般民事のほか保全、労働、執行及び倒産事件が集中的に配点されたが、実に多くの和解を経験することができた。

京都では、呉服や染色、美術工芸等の地場産業は勿論、それ以外の産業においても、中小企業が中心であるが、経営者は、京都の伝統文化を支えているという自負を持った方が多く、そのことにこだわりがあり、そのためか、気に入らない従業員がミスを犯すと懲戒解雇し、従業員がそれを争うというタイプの労働事件が当部に多数係属した。解雇権の濫用を認め、従業員からの地位保全の仮処分申請を認容するだけでは、本案が提起され、紛争を拡大するおそれがある。早い段階での円満解決をねらって和解に腐心したゆえんである。

「あんなにできの悪いやつは首だ！　懲戒解雇は絶対に撤回しない。」こだわりのある経営者は、判で押したように、最初は、こう宣言して和解を拒否しようとする。

長い伝統のある企業であればあるほど、企業の方針、体質にそぐわない従業員には我慢がならないという考えが強く、非違行為があれば、それが重大なものかどうかは問わず、首にするという対応がされることがある。「懲戒解雇は労働者にとって死刑みたいなものです。非違行為があればどんな場合でも首にできるというわけではありませんよ。」という常套句では到底説得し切れるものではない。

そもそも、そのようなこだわりは、おかしなことではなく、共感しないまでも十分に理解することができるものである。おまけに、私は、京都という街が昔から好きで、何度も観光に訪れたことがあり、小さなことにもこだわる気質は、洗練された文化を生み出す原動力の一部でもあるように感じていた。しかし、それでは紛争は解決しない。そこで、いつもこんな考えや感想を、和解の席で相手に話してみることにした。

「長い伝統を有するおたくのような企業で、社風に合わずミスばかりする社員は要らないという気持は分からないではありません。一〇人、二〇人程度の企業であれば、従業員が皆社風に合い、しっかりした人ばかり揃うということもあるでしょう。しかし、おたくのような一〇〇人近い従業員を抱えているところでは、全員が優良社員だということはあり得ないでしょう。何%かは、問題の従業員を抱えているのは組織として当たり前のような気がします。それを前提として上手に企業を動かしていくことが労務管理・人事管理の要諦であり、それを、問題があるとして、いちいち排除して済ませることができるのであれば、企業経営は、私のような裁判官でもできてしまうのではありませんか。解雇を撤回して労働力として利用する方向で考えるのが、企業家としての力量が試されるところのような気がしますが。」「しかし、どうしてもそれが嫌だというのであれば、つまり問題のある従業員はどうしても排除したいということにこだわるのであれば、それを実現し守るためには組織運営上の経費が必要ではないでしょうか。円満退職にして、ある程度多額の解決金を支払うことは、必要経費としてやむを得ないものと考えることができませんか。」

こだわりのある京都の企業家の方ほど、この話には耳を傾けてくれる。「伝統あるおたくの企業の社風を守るというのであれば、三〇〇万、四〇〇万円の解決金は、経費として決して高くはないと思いますが！」私のいささか強い調子の言葉に対して、被告の社長が、苦笑いしてくれれば、しめたものである。

イ　一〇〇〇年の都のこだわり

京都出身で生粋の京都人ともいえる先輩裁判官から聞いた話である。古い土蔵が隣地との境界をはみ出しているとして、その部分の収去を求める訴訟があった。一〇センチほどのはみ出し部分を収去するためには、土蔵を解体しなければならない。被告は品の良い白髪のお婆さんであったが、「この蔵が隣地にはみ出していることは昔から知っとりますが、ここにはこの前の戦争の時から巳様（蛇）が代々ずっと住んどるんで、蔵を壊すと祟りがありますね。」として、収去には絶対に応じない態度をとり続けた。なお、「この前の戦争」とは京都では「応仁の乱」のことである。この発言は、一見非常識にも聞こえ、被告代理人でさえ露骨にあきれた表情を浮かべたが、そこは京都人のこだわりである。その裁判官は、「そんなに昔から住んでいる巳様を守るためには、多少の犠牲を覚悟せなあかんでしょ。古くから在る蔵を壊されるようなことがあったらご先祖にも申し開きが立たんわ。今後、越境部分について少額の使用損害金を払い続けることで蔵を、いや巳様を守りましょうや。」という話をした。原告も京都人で、被告のこだわりに理解を示し、「巳様を守るために蔵を収去せず、……」という奇妙な和解条項も挿入されたそうである。一〇〇〇年の都のこだわりは、こんなところにも表れるのである。

ウ　京都の人と大阪の人のこだわりの違い

京都の人と大阪の人とが当事者となった訴訟も多く経験したが、大阪の人すべてでは勿論ないが、訴訟の解決の面では、面子、プライドよりも、そろばん勘定が大きなウェイトを持つ人が比較的多いように感じる。京都の人が小さなことにもこだわる気質が強いとすれば、この種の事件では、話し合いの共通の土壌はなさそうである。そのことは、小さな紛争であっても、解決が長引き、上告審まで争われるおそれが強いということを意味している。こだわりのため頑張る京都の人を相手にする大阪の人の中には、訴訟係属による費用負担を常に気にしていることもあり、これは誠に大きな災難というべきであろう。私としては、勿論、訴訟の帰趨を念頭に置いた上ででではあるが、京都の人にはそのこだわりを踏まえそれなりに顔が立つ内容の和解を、他方、大阪の人には早い段階で和解すること自体に意味があり、全体として「そろばん勘定」に合う内容を考えて説得をすることを試みてみた。

京都の人については、相手側において対応が悪かったことを認めるいわゆる一般条項をしっかりと挿入することが殊のほか意味を持つことが多かったが、そのほかにも、和解金については、元本だけでなく、当初から遅延損害金をも加えて計算したことを和解条項に記載し、「和解においては、遅延損害金まで加えるのは通常はしないが、このような内容にしたのは、相手方が大幅に譲歩したという形を作るためであり、お宅の主張が大筋相手方に受け入れられたことを示すものと見ることもできます。」「金額自体より損害金まで加えている点に大きな意味があります。」という話をすると、これで納得する方が多かった。損害金が少額であっても、こだわる人にとっては（京都の人は計算が細かいという人もいるが、そうであればなおさら）、振り上げた拳を降ろす契機になるであろう。もちろん、大阪の人は、損害金の額は少額であるから、紛争が地裁の早い段階で解決することのメリットは、多くの説明を要しないところであろう。「京都の人と訴訟始めたら難儀ですよ。ご存じでしょ。覚悟しないと。」この私の発言に対し、大阪人の当事者から、「判事さん！　脅かさんといて下さい。勘弁して下さいな。」という言葉が出たら、話合いの土俵ができたとみてよく、一安心といったところである。

3　経済最前線と和解

ア　会社訴訟は家事事件？

判事補から判事になる直前に配属になった東京地裁民事八部は商事部といわれ、そこでは、いわゆる会社訴訟とそれに関連した仮の地位を定める仮処分申請事件が連日山のように押し寄せていた。これらの事件の中には、訴訟物は違っても当事者と紛争の中身は同じという事件が繰り返し提起されているものが目に付いた。我が国の株式会社はその九割が同族会社であるといわれており、例えば、社長が亡くなると、会社経営権を巡って、嫁・姑の争いとなるのである。株主総会決議不存在確認訴訟等といっても、それは、文字どおり家事事件であり、親族間の感情の軋轢が、増幅され、訴訟合戦の様相を帯びることになる。株主総会など実際にはほとんど開催されていないという当時の同族会社の実態からすると、商法に基づく処理として、総会決議が不存在であるとして原告の請求を認容したところで、それは紛争の火に油を注ぐようなものである。私は、そこで早期の和解による家族間紛争の平和的、恒久的な解決に腐心したが、親族間の争いであるから話合いによる解決が望ましいのではあるが、感情のもつれがあるため、かえって話合いが難しい類型に属するもので、苦労の連続であった。

「嫁・姑が仲良く協働して会社経営をしていくのはなかなか難しいでしょうから、どちらかが所有株式すべてを時価で相手方に譲渡する形で会社経営から離れる方向で考えてみませんか。」紛争の根本的な解決を図るにはこれしかないと自信を持って臨んだ私の和解の打診に対し、予期に反して、双方からは間髪を入れぬ拒絶反応が返ってきた。「私は嫁を実の娘のように思っています。娘は若いので、間違いもあるでしょうから、私は常に娘のため、会社のためを思って行動しているのに、判事さんからそのように言われるのは悲しい。」他方、娘の方も、「これまで母からは色々と教えていただき、仲良くやってきました。母を邪魔に思ったことなどありません。私が母に対し、お金で手を引いてもらうことを望んでいるように思われるのなら本当に残念です。」これが兄弟、従兄弟同士でも、表向きは似たような話しか出てこない。その話のとおりであれば、激しい訴訟合戦など起こるはずはないのであるが、いきなりドライな話を持ち出しても、お互い、相手方の様子見が続くようであった。

これは、建前論でようやく親族間の感情のバランスが保たれている中で、本音の話をいささか性急に持ち出しすぎた失敗であった。紛争を解決する筋道は間違っていなくとも、当事者のデリケートな立場や親族間の屈折した感情に思いが至らず、己の人生経験の浅いことをいやと言うほど知らされた思いであった。

その後も同じような事件を担当したが、これまでの反省を踏まえ、少しばかり言い方を変えてみることにしたが、そうすると状況は思いがけず一変したのである。「お宅のような規模であれば、会社の運営は、経営者のカンや強い個性がものを言うところがあります。世代が違えば、どんなに普段仲が良くとも考えが分かれる場面が多くなり、そこで、お互いの遠慮や妥協があると、迅速な決断が遅れ、うまくいかないことが出てきますよ。そのことで、せっかく仲の良い嫁・姑の間に感情の亀裂が入ったりしてはもったいない。会社経営の点は、どちらかに任せるという姿勢が大切で、相手を思いやるお気持に沿って、株式を一方に集めてはどうですか。」表現は違っても話の内容は前と同じではあるが、この話はほぼ例外なく双方から受け入れられ、和解の話を進めることができた。もっとも、この嫁・姑がその後も仲良くやれているのかは知るよしもないが、その後の民事八部の事件の係属状況からみて、この事件と同じ当事者が提起した別の新件は見かけず、紛争の蒸し返しだけは何とか防ぐことが出来た、と胸をなでおろした次第である。

イ　商品取引等の被害者との心の触れ合い

当時、商事部に集められていた商品取引・証券取引がらみの損害賠償請求事件は、商品取引員・外務員等の勧誘に簡単に応じ、結果的にだまされたような形で多額の取引を続け、損失が膨らみ損害を被ったことから、無断売買等を理由として提起されるものが多かった。この部に長年在籍していた同僚の裁判官からは、こんな面白い話を聞かされた。

これらの事件を多く担当していると、この種の勧誘等に乗り、だまされる（？）人の職業類型というものを、漠然とではあるが感じ取ることができる気がする。医者、学校教師、宗教家がその三大類型である。これらの職業人に共通していることは、人格識見が高く、相手である患者・生徒・信者から話を聞き、あるべき生き方・方法等を高い見地から教え伝えるという点だと思う（また、資産がある、ないし退職金等の臨時収入があるというのも共通点であろう。）。結局、この人達がだまされやすいのは、ウソをつかれる（ないし、うまい話をされる）ことが少なく、ウソの話に慣れていないということではなかろうか（その点、法律家は最もだまされにくい人種であるらしい。）。そんな話であった。

同僚の話が当たっているかどうかはさておき、彼らが商品取引員等の言葉を信じてその判断に任せ、多額の商品取引等にのめり込み、大きな損失を出した場合、その怒りは常に大きなものであり、不正義は絶対に許さないという姿勢が強いため、和解が難しいことが多い。商品取引で必ず利益が出る（ぜったい損はしない）などということはあり得ず、またそのような極端な勧誘をしたと見ることは出来ない場合であっても、自分が信じたとおりの展開にならなかったことへの憤りは、半端ではない。勧誘方法や取引を了解させる仕方がいささか穏当でなかったり、売買が無断でされた違法なものとまではいえないが不適切な面があるという事案では、多少の損害回復の趣旨でよく和解を勧めたが、この場合、裁判所が不正義に加担していると誤解されないよう注意を払う必要があった。買い付け指示書に何度も自署しているなどの点からみると、説明を受けていない、勝手に取引した等の言い分に無理があり、社会常識的にもだまされたとは言いにくい状況であることをまず理解してもらわなければならない。

「世の中、必ず儲かるというようなうまい話はありませんよ。」と、いきなり言うのは怒りを助長するばかりである。そこで、こんな風な話しかけをしてみた。「信じて任せたのに裏切られたのですから、憤る気持ちは良く分かります。これまで信じることの大切さを大事にし、不正義を許さないという姿勢でこられたことは、私にも十分伝わってきます。ただ、商品取引は別の世界で、そこでは信じることにもリスクが伴うものですからね。」そんな話を被告としながらも、私自身、その筋の通った生き方に共感し教えられる思いがすることがある。そんな気持が、相手にも伝わり、その心の琴線に触れることがある。そうなると、和解の条件、金額などたいした問題でなくなり、こちらの提案を納得し応諾してくれる展開となるような和解を多く経験した。そして和解がまとまった際は、大幅な譲歩をした被害者の方から深々と頭を下げられることがあるが、こちらの方こそ色々と教わり有り難うございましたと頭を下げたい思いが、何時もしたものである。

4　法律論よりも説得的だった話

ア　社会常識を伝えることの大切さ

法律論による説得よりも社会常識を分かりやすく伝えることで、裁判所の話を聞いてくれることがある。これは、大学教授もいわゆる任侠気質の男も同じで、教授が謝罪をし、任侠気質の男がこれを受けて、和解ならぬ「認諾」をも了解したという事件があった。これは京都地裁時代に同僚裁判官から聞いたエピソードである。

二〇〇坪の宅地を一二〇坪と八〇坪に分筆・分譲されたが、半透明な公図の用紙を誤って裏返しにして境界線を記入したため、坪数の表記が逆になり、八〇坪とされた原告が隣地所有者相手に、交換の引換給付付きで所有権移転登記手続を求めるという訴訟があった。詳しい審理をするまでもなく誤りは明らかであり、争いがなかったため、和解を勧試することとしたが、和解の席に出席した被告本人は、任侠気質の人である。被告は、原告の主張は認めたが、話合いについては、こんな条件を持ち出してきた。「登記が間違ったのは俺のせいじゃない！　それなのに、隣の奥さんが登記を直せと怒鳴り込んできて、俺を悪者扱いした。あの奥さんが俺に謝るなら話合いに応じる。」なるほど、これもそれなりに筋のとおる話であり、その裁判官は、早速、和解の席で原告本人にこの話を伝えてみたが、原告の訴訟代理人は、消極的な反応であった。そこで、原告の大学教授に、「謝罪という話は、権利義務の話ではないので、本来、ここでやる話ではありませんが、ただ、世の中一般の話でいえば、例えば、デパートからの配達品が誤って隣家に届けられたことを理由に、その品物はあなたのものではない！　私のものだからすぐ返してくれ！　と怒鳴っていけば、隣家の人は怒るでしょう。隣人同士ですから、言い方がきつすぎました、と言って後で謝ることはあってもいいのではないのでしょうかね。」と自分に言い聞かせるような調子で話をしてみた。教授は、それまで発言はほとんどなかったが、しばらく考えた後、顔を上げはっきりした口調でこう返事をしてくれた。「それでは妻に代わって私が謝ります。」

この裁判官が、遙かに年長の方々につい偉そうに社会常識論のようなものを述べたのは、筋にこだわった被告の言い分に共感するところがあったからだそうである。

この事件は、次の期日に、被告の認諾調書を作成し、引き続き、原告が謝罪し、被告がそれを受け入れて終了した。胸を反って帰っていった被告の姿が目に浮かぶようである。

イ　個人的な体験談を話すことの意味

平成元年からの三年余、東京地裁の民事二三部で単独事件を担当したが、当時は地価高騰が続くバブル時代であり、不動産を巡る紛争が多数係属していた。当時の地価の異常な急騰は、それまで平穏で良好な関係を維持してきた親族間に予期せぬ紛争の種を蒔いたようである。父親が生前、たまに手土産を持って遊びに来る弟に向かって、同居している兄夫婦への不満をぶちまけ、「自分を邪険にしている兄にはおれの財産はやりたくない。死んだらおまえに家も土地も全部くれてやる。」という話を度々聞かされ、それらしい趣旨の手紙ももらったとして、弟が、死因贈与を理由に、兄相手に父親の遺産である不動産の帰属を争うという事件があった。

バブルによる地価高騰がなければ、父所有不動産の価格もさほどではなく、相続時には兄がすべて取得するという暗黙の合意の下で、折り合いがついていたものが、地価の急騰により弟側の不平等感が助長され、兄にいじめられたと愚痴をこぼす父を思い出し、訴訟提起に至ったのである。死因贈与の成否は微妙ではあるが、いずれにしろ訴訟では、兄弟喧嘩さながらの過去の出来事を引き合いに出した非難合戦が始まっていた。

　和解の席で、弟は、小さい頃から、兄は何時も両親に可愛がられ、他方自分は冷たく扱われてきた歴史を語り、それなのに父に冷たくした兄は許せない、兄とは妥協はしたくないなどと、過去の積年の思いをぶちまけてきた。弟の言い分は、良く聞けばなる程と思わせるものがあり、私もつい調子に乗り、こんな個人的な体験を話してみた。「私も次男坊なので、兄貴ばかり得をしてきたという話はとてもよく分かる。私も、中学入学時に、兄は黒い立派な革靴を買ってもらったのに、私のときは買ってくれなかったし、高校入学のときも、買ってもらった時計が兄とは違い金縁ではなかった。」等々。「今でもそんな出来事を思い出し、不満な気持を持ったことが忘れられないでいます。ただ、自分も親の立場になってみると、親としては、兄貴が可愛くて弟が可愛くないということではなく、同じように可愛く思っていても、二人目の入学等のときは、当時の家計上の問題やら、他に色々あって、同じ扱いができなかったというだけなのかも知れないな、と思い直しています。しかし、面白くないという気持はなかなか消えませんよね。」「一方、お兄さんからは、逆に弟であるということだけで弟はわがままが許され、自分は長男なのですぐ叱られて損をしたなどと不満を聞かされています。考えてみると、そんな小さな不満、わだかまりをお互いに沢山抱えていること、それが兄弟ということなのかも知れませんね。一人っ子ではそうは行きませんよ。ある意味では幸せなことです。」「あなたのお兄さんは、年を取ってどうしてもわがままに成りがちなお父さんと同居していたので、日々苦労があったと思いますよ。たまに遊びに来ただけで済む弟がうらやましいといっていましたが、これも兄弟らしい言い分でしょうね。」

さんざん兄への積年の思いをぶちまけた弟とは、私も連帯感のようなものを感じ始めていたが、「お父さんと同居したお兄さんの大変な気苦労も分かってあげないと。」という私の話には、思いがけず「いや分かっているんです。」という返事が返ってきた。バブルが壊しかけた兄弟の絆は、その程度の話でも元に戻るほど、長い年月にわたり共有した、嬉しく、辛い、小さなしかし忘れられない様々な思い出に支えられているものなのであろう。事件は、その後、少額の金銭の調整が行われ、話合いがまとまった。

Le plaisir des disputes, cest de faire la paix.（言い争いの楽しみは、後で仲直りすることにあるのだ。ミュッセ『戯れに恋はすまじ』第三幕六場）そんな言葉の重みをずっしりと感じさせられる事件であった。

5　印象深いエピソード

これは、同期の裁判官である友人から聞いた話である。「□□さんの話を聞いていると、本当にそうだなと思っちゃう。あんたは裁判官にしておくのはもったいない。それに、こんなに一つの事件に時間を掛けていてはとても出世は無理よ。」初任の時以来、これまで何度か事件で御一緒した高名な女性弁護士は、笑顔で自分に応答してくれたという。都心の住宅街で、長年借地に大きな居宅を構えていた被告の訴訟代理人であった彼女は、原告である賃貸人が底地を○○○○万円で被告に売り渡すという和解条件を出してきた際、友人である担当裁判官がこの話に乗るべきだと説得した時の話である。友人が、「○○○○万円は高すぎ、とても調達できない、ということはよく分かった。しかし、私なら、親類縁者からお金をかき集めてでも、この話に乗りますよ。東京で、先祖代々不動産を所有していたという人なら別でしょうが、そうでない限り、勤め人が都心に広い住宅地を取得できるチャンスは、人生にそんなに沢山はないでしょう。今がそのときかもしれません。もったいない。勿論、無理をしてはいけませんが、人生で頑張りどころというのがあるでしょうからね。」彼は、被告を説得しようとしたというよりも、地主である原告がこちらの話に理解を示して思い切って低額の売却案を出してきたので、「本当にもったいない。」、「今こそ出るとき！」と思ったそうである。裁判官にしておくのがもったいないという言い方は、我が事のように事件当事者のことを考えてくれている裁判官だという彼女一流のレトリックであったようだが、出世できないという言い方には、ストレートすぎて皆で大笑いしてしまったそうである。彼女が、被告とその妻に、この際頑張ってみたらと説得をしてくれたお陰で、本人達もその気になり、次回期日にはなんとか金策に成功したとのことであった。彼は、「私は、このときの皆の大笑いを時々思い出しながら、自分も、裁判官以外に適性があったのかな、残念なことをした（？）と思ったりしている。」といたずらっぽく笑った。

6　心の中の宝石

「本人は何にこだわっているのだろうか？」、「なぜこんな紛争に至ったのか？」、「一番望んでいることはなんだろうか？」、「どうしたら説得できるだろうか？」分厚い事件記録を読みながら、あるいは法廷での本人の供述等を思い出しながらいつも事件のことを考えていると、寝ているときに必ずといってよいほど事件の夢を見る。そして、和解が行き詰まった事件は、夢の中でもうまくいかない。

これまで多くの事件を和解により終わらせることが出来たが、そこでは、当事者とのやりとりの中からこちらが教えられることの連続でもあった。和解は技術ではなく、紛争の本質を掴み、当事者の心を理解した上で共に考える姿勢が必要だという当たり前のことにも何時も気付かされたのである。そして、当事者が裁判官も自分の気持を分かってくれていると感じたときは、私の話をすんなりと了解してくれることが多く、そんな和解ができたことは、当事者ばかりでなく、私自身にとっても喜びであり、それは、事件をとおしての貴重な心と心の触合いでもある。

三〇年も前の事件の話であるが、女性のインテリアデザイナーが商品取引事件での和解の席で、こんな個人的な話をしてくれた。「私は、被った損害の賠償にこだわっているわけではない。私は子どもの頃、中国地方の都会に住んでいたが、病気がちでよく学校を休み、その困難を乗り越えようと必死で頑張って今日の地位を築くことが出来た。今回の事件も、私の小さな試練であるが、和解ができれば、和解金はいくらであっても、自分に試練を与え自分を育ててくれた街を桜並木で飾るためにすべて寄付したい。」和解成立から数年後、故郷へ桜の苗木を送ることが出来たという便りと、彼女のインテリアデザイナーとしての作品をまとめた一冊の写真集が私に送られてきた。著名な一流ホテルのロビー等を飾る、明るく、骨太で力強く、格調が高く、明確な主張が表れている素晴らしい作品の数々を見て、和解の席での凛とした彼女の姿を思い出し、その生き方に改めて心を打たれる思いであった。

和解の思い出は、どれもが当事者の人生・必死な思いに関わるものであり、どれ一つとして同じものはなく、千夜一夜物語と同様、尽きることがない。それは、長年民事裁判官として過ごしてきた私にとって、いつまでも輝き続ける心の中の宝石なのである。

二　中島みゆきの歌の世界と司法との交差点

（『法曹』八〇四号：二〇一七年一〇月号）

1　はじめに――なんとなく、らしくない⁉

「それはどうかしら？　なんとなく、らしくないような気がする。」と妻は心配そうにつぶやいた。私が、中島みゆきについての随筆を『法曹』に書こうと思うと話したときの反応である。確かに、「夏目アナが司会を務める有吉とマッコ・デラックスとのトーク番組で、マッコ・デラックスが、『むかし、恋人と別れて絶望的な気持でいたときに、中島みゆきの〈タクシー・ドライバー〉を聴いて、心が揺さぶられ、心の底から癒されるような思いがしたことがある……』と述懐していた。」という話を私が紹介しても、読者から「夏目？　有吉？　マッコ・デラックス？　誰？？？」といった反応がされたのでは、話がまるで先に進まなくなってしまうからであろう。『法曹』においては、諸外国の法制度や裁判の話、読書の感想文や旅行記、哲学的思索、歴史的時代考証等のように、常に知性と教養に溢れ出る文章ばかりを眼にし、読み慣れてきている読者層が想定されるところでもあり、「らしくない」という妻の反応は、そのような読者がどんな反応をするのかを心配してのことなのかもしれない。

しかし、中島みゆきの〈タクシー・ドライバー〉は、こんな歌詞で始まるのである。

やけっぱち騒ぎは　のどがかれるよね
心の中では　どしゃ降りみたい
眠っても眠っても　消えない面影は
ハードロックの波の中に　捨てたかったのにね

笑っているけど　みんな本当に幸せで
笑いながら　街の中歩いてゆくんだろうかね
忘れてしまいたい望みを　かくすために
バカ騒ぎするのは　あたしだけなんだろうかね

タクシー・ドライバー　苦労人とみえて
あたしの泣き顔　見て見ぬふり
天気予報が　今夜もはずれた話と

野球の話ばかり　何度も何度も繰り返す

酒を飲んで騒いで、恋人と別れた悲しさを紛らわそうとしても、騒ぎがお開きになって、一人で帰ろうとタクシーに乗ったときに、みゆきが描く「愛した男と別れて未練が残る女」の止めどなく流れる悲しみの涙と消えない絶望的な心、タクシー・ドライバーが、その様子をそっと見て見ぬふりをして、軽い世間話をして慰めるといったシーンを、少ない言葉で鮮やかに描いて見せた歌である。

2　中島みゆき魔女伝説

「現代の魔女たちとは、より人間的であろうと戦いつづけている人たちのことである。中島みゆきは、歌を通して、その戦列に加わった。」（『魔女伝説　中島みゆき』こすぎじゅんいち〈集英社文庫から〉）

ア　振られオンナの恨み節⁇

中島みゆきの歌は、振られた女の恨み節的なものが最初のころには注目された。例えば、彼女が最初にオリコン一位を獲得し大ヒット曲となった〈わかれうた〉は、《途《みち》に倒れて　だれかの名を呼び続けたことが　ありますか　人ごとに言うほど　たそがれは　優しい人好しじゃありません》と軽やかなメロディーで始まるが、その中に男と別れ残された者の心情をさりげなく、しかし切なく歌い上げており、アルバム「愛していると云ってくれ」（一九七八年）に収録された曲で、中島みゆきの代表作の一つとなった。そして、このアルバムには、ほかにも、恋人だった男が自分の女友達の許に行ってしまった後、未練の思い絶ち難く、男の様子を探ろうとして同居している女友達の家に電話を掛け、電話の後ろにいるはずの男の様子をなんとか探ろうとする〈元気ですか〉が収録されているが、これは、無伴奏のさりげない台詞だけで構成され、捨てられた女の女友達をうらやみながらも（「うらやましくて～」という言葉が六回登場する。）どうすることもできない絶望的な気持ちを強烈に表現した一幕の一人芝居のようであり、彼女の役者さながらの台詞回しやきらめく目の表情（夜会Ｖｅｒ２：一九九〇年のＤＶＤに収録された映像が残っている。）が印象的な作品である。

　続いて、これと同じ状況下で、《ひとの不幸を　祈るようにだけは　なりたくないと願ってきたが　今夜　おまえの　幸せぶりが　風に追われる　私の胸に痛すぎる》という、捨てられた女のやるせない思いを歌った〈怜子〉、さらに、《化粧なんて　どうでもいいと思ってきたけれど　せめて　今夜だけでもきれいになりたい　今夜　わたしはあんたに逢いにゆくから　最後の最後に逢いにゆくから……》と男の許を訪れる女のせつなく未練がましい思いを歌い上げた〈化粧〉が収録されており、このような一連の燦めく失恋ソングの数々が、多くの女性から絶大な支持を受けたのではあるが、最初の彼女のイメージを作り上げることとなった。

　しかし、彼女は、「私は私小説家ではない」とあるインタビューで答えているとおり、これらは、自分の体験をそのまま歌にしたというものではなく、絶望の淵にたたずむ心傷ついた女性達の辛い思いを自らのこととして受け止め、共に嘆くものであって、人の悲しみ、苦しみを我が事のように心の底から共感できる感受性と心の優しさが、歌の言葉となって結晶したものなのであろう。

イ　人生の応援歌!!

そして、彼女の多くの作品には、これとは別に、夢破れ、あるいは挫折しそうな境遇の人達の背中を後押し、大きな生きる力を与えるような人生の応援歌ともいうべき歌がきら星のごとく輝いている。〈ファイト!〉は、一九八三年のアルバム「予感」に収録された曲で、近年、人生の応援歌として若い人達にも歌われるようになったが、その歌詞は、彼女が深夜のラジオのリクエスト番組でのディスクジョッキーを務めていた頃、彼女宛てに女性のリスナーから投稿された一通の手紙を基にしたものである。

そこでは、中卒だから仕事をもらえないと嘆く女の子や、ガキのくせにと頬を打たれ悔しさを必死でこらえた少年達の屈折した思いが歌われ、さらに、子供を駅の階段から突き落とした女の薄笑いを目撃し、助けもせずに逃げた自分を思い、自分の敵は自分ですと言わざるを得ない自己嫌悪に苛まれる心境の下で、人々の心の弱さ、その奥底にある暗い情念を取り上げ、それでもなお負けずに闘う者達へエールを送るものである。単なる応援歌ではなく、虐げられた弱者の気持に寄り添い、深く、重い所から沸き上がるような強烈な心の叫びなのである。それは、次のように語りかけている。

あたし中卒やからね　仕事をもらわれへんのやと書いた
女の子の手紙の文字は　とがりながらふるえている

ガキのくせにと頬を打たれ　少年たちの眼が年をとる
悔しさを握りしめすぎた　こぶしの中　爪が突き刺さる

私、本当は目撃したんです　昨日電車の駅、階段で
ころがり落ちた子供と　つきとばした女のうす笑い
私、驚いてしまって　助けもせず叫びもしなかった
ただ恐くて逃げました　私の敵は　私です

ファイト！　闘う君の唄を
闘わない奴等が笑うだろう
ファイト！　冷たい水の中を
ふるえながらのぼってゆけ

また、私が最も熱愛する〈誕生〉は、一九九二年のアルバム「ＥＡＳＴ ＡＳＩＡ」に収録された曲であるが、単なる応援歌ではなく、愛を失い、それでもむなしく愛を求め続ける絶望的な人の心情を思い、共に悲しみながらも励ましのメッセージが強く込められている。それは、紆余曲折の人生の荒波に揉まれ続けている人達に、これまでの辛い経験は、愛の本当の意味を知って新しい人生を新た

に歩き始めるために敢えてあなたに用意されたものなのよと歌い掛けるもので、「誕生」とは、今までとは違う新たな人生の出発を意味し、顔を上げてこれからを生きていけ！　と励ます魂の言葉が詰め込まれている。それが、人の心の弱さを思う巧みなレトリックと共に展開されており、その心を揺さぶる救いと励ましの言霊がリスナーの心に伝わってきて、何度聴いてもそのたびに目頭が熱くなるのである。中学生の国語の教科書にも載った、その迫力ある歌の世界の一部を紹介したい。

ひとりでも私は生きられるけど
でもだれかとならば　人生ははるかに違う
強気で強気で生きてる人ほど
些細な寂しさでつまずくものよ
呼んでも呼んでもとどかぬ恋でも
むなしい恋なんて　ある筈がないと言ってよ
待っても待っても戻らぬ恋でも
無駄な月日なんて　ないと言ってよ
　めぐり来る季節をかぞえながら
めぐり逢う命をかぞえながら
畏れながら憎みながら

いつか愛を知ってゆく
泣きながら生まれる子供のように
もいちど生きるため　泣いて来たのね
Remember　生まれた時
だれでも言われた筈
耳をすまして思い出して
最初に聞いた　Welcome
Remember　生まれたこと
Remember　出逢ったこと
Remember　一緒に生きてきたこと
そして覚えていること

ふりかえるひまもなく時は流れて
帰りたい場所が　またひとつずつ消えてゆく
すがりたいだれかを失うたびに
だれかを守りたい私になるの
　わかれゆく季節をかぞえながら

わかれゆく命をかぞえながら
祈りながら　嘆きながら
とうに愛を知っている
忘れない言葉はだれでもひとつ
たとえサヨナラでも　愛してる意味
Remember……（更に続く）

中島みゆきは、ある時期から、テレビの歌番組等の出演を断るようになっており（もっとも、ここ数年はＮＨＫにビデオ出演するようになった。）、残された映像は少ないが、リサイタルで「誕生」等を熱唱するシーンが「歌旅―中島みゆきコンサートツアー２００７―」という二枚組のＤＶＤないしBlu-ray に収録されており、この美貌の歌姫の壮大な世界を伝える貴重な映像となっている。

さらに、〈命の別名〉は、ＴＢＳ系ドラマ「聖者の行進」の主題歌で、アルバム「わたしの子供になりなさい」（一九九八年）に収録されているが、こんなフレーズがある。

何かの足しにもなれずに生きて
何にもなれずに消えて行く
僕がいることを喜ぶ人が

どこかにいてほしい
石よ樹よ水よ　ささやかな者たちよ
僕と生きてくれ

繰り返す哀しみを照らす　灯をかざせ
君に僕にも　すべての人にも
命に付く名前を「心」と呼ぶ
名もなき君にも　名もなき僕にも

これらのほか、彼女の人生の応援歌といわれるものは、デビュー直後に発表された有名な〈時代〉、学生運動に挫折した者たちの心情を歌ったといわれる〈世情〉、同じく《Rollin' Age　淋しさをRollin' Age　他人《ひと》に言うな　軽く軽く傷ついてゆけ》という詞が印象的な〈ローリング〉、NHKの「プロジェクトX」の主題歌〈地上の星〉、自分の力で戦い抜けと叫ぶ〈宙船（そらふね）〉（全国高校野球大会の行進曲に採用された。）、人生で最後に残る価値あるものを教えてくれる〈愛だけを残せ〉等々、枚挙にいとまがない。

そして、すべての彼女の歌の根底に流れているものは、虐げられた者、騙され裏切られた者、強い思いを実らせることが出来なかった者、世の中の様々な不条理に翻弄された者達に対し、常に自らのことのように心を寄せて共に嘆き、そして、暖かい眼差しと救いのメッセージを届けるものであり、ときに突き放すようにではあるが背中を押してくれる励ましでもあるのである。

ウ　天才の証明——チャップリンかモーツァルトか？

彼女は、三〇歳代後半になって「夜会」と題されている音楽劇を始めた。これは、彼女が作詞、作曲、脚本、構成、歌唱、主役をこなしたものだが（ほとんど一人舞台に近く、チャップリンの映画を想起するのは私だけであろうか？）、今日まで一八の演目が演じられ、みゆきの歌の世界と同様に、壮大な人生の苦悩と救いをテーマとする歌で紡ぐドラマとなっており、初回分を除きほとんどが映像化されている。これも圧倒的な迫力と美しさに包まれたものであり、全てがお奨めであるが、あえて挙げれば、夜会Ｖｏｌ13の〈24時着0時発〉のテーマの深さ広さと中島みゆきの息を飲むほどの美しさが印象的である（この夜会を一部手直しして再演した〈24時着00時発〉も分かりやすくなっているが、最初の方がみゆきの美しさが光っている。）。また、「問う女」（夜会Ｖｏｌ８）においては、みゆきが演ずる主人公は、北国の地元の放送局のアナウンサーで、ディスクジョッキーを務め、毎回、沢山の投稿されたはがきを紹介し、湯水の様に巧みに言葉を発し続けていたが、恋人に裏切られたのをきっかけに、言葉の羅列が心を伴わないむなしいものであって、リスナーと本当の気持が通じ合っていなかったことに気付いた。そして、かえって言葉の通じないタイから出稼ぎにきた風俗の女性（いわゆる「ジャパゆきさん」）と出逢って、不思議と心が通い合うことを感じ、店が閉まった深夜、二人で真冬のスキー場のゴンドラに勝手に乗り込み、互いに言葉の通じない会話を始めるのである。そのシーンで、ジャパゆきさんと歌う〈あなたの言葉が分からない〉は、A、B、C、Dあるは1、2、3、4という歌詞が主要部分を占める誠にシンプルなタイ語と日本語との二重唱であるが、優しさと切なさに溢れたもので、これは、モーツアルトのオペラ「フィガロの結婚」の第三幕で伯爵夫人の歌をスザンナがそのままなぞる形で展開する有名な二重唱のアリア「そよ風によせるアリア」にも匹敵する透きとおった美しさを持つ傑作である（なお、「問う女」は中島みゆきが小説にまとめたもの［幻冬舎出版］があり、これも高い完成度を保っている。）。このほか、比較的初期のものVol2～Vol13がいずれも分かり易く、お勧めである。

3　中島みゆきの歌の世界と司法との交差点

ア　両者が目指すもの、信ずるもの、の交差点？

私は、いつも、中島みゆきの世界と司法とは、目指すものと信ずるものが重なっている点が多いように感じている。それは次のようなことであろう。

司法は、法的な権利や利益を違法に侵害された者達の損害を適正に回復し、犯罪を犯した者、犯罪の被害を受けた者の双方を見やりながら、多くの人々の日々の安寧を図り、平和な社会を実現していくことを志向するものであり、損なわれた者への救済と世の中の不条理に翻弄された人の心を慰謝するという役割を担っている。そして、裁判の過程で登場してくる人物は、怒り、恨み、悲しみ、不満等を心の中で抱えており、裁判官は、それらの感情におぼれたり、無条件に共感したりすることはできないとしても、これらの心情を理解し、寄り添う姿勢が必要である。裁判の過程では、加害者も被害者、債権者も債務者も、行政とのトラブルを抱える者も、様々な思いがあり、また、当事者となった行政や大きな組織も、一定の目的と広い範囲の利害を抱え闘っているのである。それぞれにおいて、様々な心の叫びがあり、最後の判決や和解に至るまでの過程で、その声なき声をいつも聴かされる。それが、法律的に意味のあるものばかりでなく、独りよがりのものもあるが、そうであったとしても、少なくともそれを当事者の立場に立ってしっかりと聴くあるいは受け止める良い耳と優しい心が必要であり、また、それを踏まえてなお、全体を見通した冷静な判断も求められる。すなわち、事件全体を、ミクロとマクロの複眼的な視点（いわばトンボの眼）で見ながら審理判断するため、様々な立場での見方や感情、そして、過去、現在、未来の問題状況の認識と評価が絡み合うことになり、一刀両断的な歯切れの良い処理とは行かなくなるのである。そのため、多くの場合、裁判は双方から不当である！　不徹底である！　等と批判され、皆から誉められるということのない孤独な精神作用ともいえよう。このような宿命の下では、真剣に悩んで結論を出したこと、それこそが、裁判官にとって、胸を張って進む力となるのであろう。

他方、中島みゆきの世界が目指すものを改めて見てみよう。中島みゆきの作品中には、裁判を扱ったものは、私が知る限りほとんど見かけず、わずかに、前記の夜会「24時着0時発」で裁判のシーンが登場する。この舞台では、みゆきらが扮する男女がシンガポールへ新婚旅行に出掛けたが、虚偽の証言により夫が保険金殺人の犯人として捕らえられ、起訴されてしまい、新婦であるみゆきが扮する女が、法廷で必死に夫のアリバイ等を証言する。しかし、その甲斐なく死刑判決が宣告され、女は、「こんな裁判はインチキだ！　おまえの目は節穴か？　バカヤロー！」として裁判長に抗議したため、国外退去を命じられたことから、列車に乗り込むが（そこでは、《行き先表示のまばゆい灯りは　列車の中から　誰にも見えない　無限軌道は真空の川　ねじれながら流れる》という歌詞が歌われる。）、全く別な世界に入り込むというストーリーである。この作品は、時空を超えて展開する世界で、彼女（あるいは、がむしゃらに建造されてその後捨てられた巨大な建築物等の残骸により産卵場所である川の上流への流れをせき止められてしまった「鮭」）が、我が国の加熱するバブル経済まっただ中の社会でのこのような不条理に遭遇し闘っていく点が中心的なテーマであり、裁判の場面は、その導入のための道具でしかなく、司法との接点はほとんどないようにも思われる（もっとも、最高裁判所の広報誌「司法の窓」八〇号の巻頭随筆で、私は、この歌から、過去と向き合いながらも行き先の見えない列車に乗って時の流れを進む今日の司法の姿が連想されると記しているが……）。

しかし、舞台と法廷との場面の違いはあるが、既に述べたとおり、中島みゆきの歌の世界も、そこで登場する人物は、様々な心の叫びを持っており、その声や思いに寄り添い、心の平穏が訪れることを目指すことが最も重要なモチーフである点では重なり合うのである。

そして、みゆきのアルバム「歌でしか言えない」に収録されている〈maybe〉という歌の一節に、自立した女性にとって、夢見れば、人生は辛い思いが多くなるけれど、《思い出なんか何ひとつ私を助けちゃくれないわ　私をいつも守ってくれるのはパウダールームの自己暗示》という強烈なインパクトのあるフレーズが見られる。心の弱さを隠し、女の武器を磨き、強がりの姿勢で生きて行かざるを得ない女の心情を歌ったものである。

これらを見ると、胸を張って進む力を与えてくれるものは、それぞれに異なるようではあるが、いずれにしろ、何かを信じて前に進もうとする強い気持である点では共通しているのかもしれない。

イ　両者が生み出したものは、自己を投影した映像？

裁判官の仕事は、よく野球の審判に例えられる。しかし、ストライク・ボールの判断は、多少の裁量的な要素があるにしても、結局は、投球されたボールがストライクゾーンの枠の中を通ったのかどうかという客観的な判定である。他方、裁判における判断は、裁判官としての全人格的な価値判断であり、その前提となる事実の認定だけでなく、考慮すべき要素は何か、どの要素を重視すべきか、その判断の結果の社会における波及効はどのようなものになるのか等を吟味した上で社会正義にかなった方向を見出す精神的作業である。そして、自己の考慮すべき諸要素の総体は、各人の知識、価値判断、人生観、正義感、視野の広さと狭さ、粘り強い探求心等が総合された結果の産物であり、結局、裁判は自己を投影して得た映像ともいえよう。どのような映像を作ることが出来るのかは、我々が人生をどう生きるかと直結しており、緊張感を強いられると同時に、やり甲斐のある仕事であると感じている。

そして、最近、このように様々な心の叫びを聴き続ける裁判官の心理と似たような心境を歌った中島みゆきの歌に出会った。〈ライカＭ４〉という歌は（四二枚目の彼女のアルバム「組曲」に収録されている。）、次のようにカメラマン（これは中島みゆき専属のTカメラマンが念頭にあった？）が、ファインダーを覗いて見た世界を突き放したように軽やかに歌い上げているが、カメラマンが映し出す映像は、勿論中島みゆき自身の心の眼で見た世界であり、結局、自分自身の思いや訴えなど、自らを投影して結んだ映像なのである。

それは、次のようなものである。

モデルはどんなつもりに写ろうかと
あれこれ考えてやって来た　それなりに
モデルはどんなつもりに写ったかと
期待を籠めて出来上がりを覗き込む
　ところがそこには姿はない
期待を籠めた姿はない
モデルは黙り込んで　踵を返す
だってそれはライカM４　無理もなくてライカM４
こいつが撮るのは風と光　他にはあとひとつだけ
だってそれはライカM４　無理もなくてライカM４
こいつが撮るのはレンズの手前　カメラマンの涙だけ

私の裁判官としての歩みは、ファインダーを覗く私自身の悩み続ける心と汗と涙の軌跡でもあり、〈ライカM4〉の世界とよく似ている。それが、中島みゆきの魂の叫びのような高みにまでは、到底及ばないとしても……。

ウ　中島みゆきの信奉者

中島みゆきには熱烈な信奉者が多く、詩人、哲学者、宗教家、評論家、脚本家、ジャーナリスト、芸能関係者、歌手、そして、もちろん、我々の同僚である裁判官も含まれている。私の先輩裁判官で、最高裁判事在職中に亡くなった某判事は、御夫婦ともに熱烈なみゆきファンで、葬儀の際は、中島みゆきの曲をピアノとチェロで演奏したCDがかけられ、棺の中ではみゆきのコンサートのプログラム等が沢山入れられていた。同じ信奉者仲間として、私は、彼の熱い思い、そして無念の思いに触れた気がして、涙が止まらなかったことがある。その人の人生の終わりにまで付き添う中島みゆきの歌は、その人のレクィエムというよりも、正に、人生の一部であったともいえるのではないだろうか。

また、「人生の終わりに聴きたい10の曲を紹介する」というNHKのテレビ番組があり、その中で、世界的なデザイナーである山本耀司が、中島みゆきの曲を二つも挙げていた。一つは、大きな成功を収め、そろそろ仕事を終わりにしてもよいかと迷ったときに、《旅はまだ終わらない～》という歌詞が背中を押してくれたという〈ヘッドライト・テールライト〉（アルバム「短篇集」に収録。オリコン一位に輝いた大ヒット曲）を挙げ、もう一曲は、彼のこれまでの人生を振り返った時の気持に寄り添ってくれた〈愛だけを残せ〉を挙げていた。その曲のさわりの部分では、こう歌われている。

愛だけを残せ　壊れない愛を
激流のような時の中で
愛だけを残せ　名さえも残さず
命の証《あかし》に　愛だけを残せ

この歌が収録されたアルバム「真夜中の動物園」は、平成二二年（二〇一〇年）に発売されたが、この言葉は、私にとっても、当時、これまでを振り返り、これからの歩みを始めようとするときに、改めて自らに言い聞かせ、自分を奮い立たせ、道しるべとなる人生の応援歌のように聞こえたことを昨日のように覚えている。

エ　中島みゆきの詞のレトリックと判決文

中島みゆきの作品は、その心に残るメロディー、迫力ある歌唱力（単に歌が上手いのではなく、歌の心を伝える歌い方ができるのである。）、容姿は勿論、明るく、親しみやすく、ときに超ハイテンションの話しぶり、それに、信じられない程の謙虚さが、いつも輝いている。特に、その歌詞は、レトリックの巧みさ、リスナーの心を揺さぶる的確な描写力、みゆき節ともいうべき印象的なフレーズなど、言葉一つ一つが際立っている。その例は、文字どおり、枚挙にいとまがないが、ここでは、ごく一部の曲名のみを紹介したい。

①　人間性の本質を突くレトリックの巧みさが光るものとして、〈友情〉〈波の上〉〈二艘の船〉〈P

ＡＩＮ〉等があり、② 心の奥底のやるせない心情を描写したものとして、〈シュガー〉〈カモメはカモメ〉〈砂の船〉〈ホームにて〉〈蕎麦屋〉〈白菊〉等があり、③ 人生の荒波に揉まれて生き続ける人々への優しい眼差しによって、独自の世界観を綴るものとして、〈君と空とのあいだに〉〈あがなう水〉〈帰れない者達へ〉〈糸〉〈命のリレー〉〈慕情〉等がある。

ところで、判決文とは、論理的な分析の過程、法的な判断をより正確に伝えるものである。そうすると、中島みゆきの情念の世界を支える詞とは異なるものにならざるを得ないのだろうか？

判決文は、有罪無罪の結論を出し、勝訴敗訴の軍配を上げるものであり、その結論は、社会的正義を実現していくものであるから、当該事件の当事者の心の叫びに耳を傾け、その心情を理解しつつも、それに溺れず、法的な結論を示し、その理由を冷静に理論的に説明するものである。そこに接点があるなどとは到底いえず、中島みゆきの世界のような、深く、広く、光り輝く精神世界とは別の世界のものであろう。もっとも、裁判を生業としている私がなぜ中島みゆきの歌に心惹かれるのか。それは、司法的判断の過程では、対象となる事象は、人々の心の叫びから発出する願い、思い、希望、要求であって、中島みゆきの情念の世界と類似の精神作用を行い、悩みながら答えを出しているからであろう、と勝手に合点している。

4　おわりに

一人、自宅で仕事を終え、自分が担当した裁判の舞台の登場人物の様々な思いを感じながら、静かに、ＯＰＰＯのBlu-ray Disc Player BDP-105DJP、ＳＯＮＹのステレオ・インテグレート・アンプTA-A1ES、そしてＥＬＡＣのスピーカーFS267で構成された我が家のオーディオ装置をＯＮにし、目の前に佇んでいるような中島みゆきの歌声を聴くのは、正に至福の時である。そこでは、目眩くような精神世界での数々の心の歌が、強く、優しく聞こえてくるのである。

三　野鳥カメラマンの心惹かれる日々

（「法曹」八二八号：二〇一九年一〇月号）

はじめに

趣味として、野鳥の写真撮影を始めたのは約三〇年も前になる。季節の移ろいの中で、小さな出逢いを求め、肩に食い込む長くて重いレンズと三脚を担いで、喜びと落胆を繰り返しながら心惹かれる日々を過ごしたのは昨日のことのようである。輝ける野生の視線を捉えた時の、ファインダーを覗く胸の高鳴りは、今も忘れず蘇ってくる。

野鳥撮影は、バードウォッチングとは異なり、ほとんどの場合、野鳥にかなり近づく必要があり、その上で、主役である野鳥の自然な姿と、その生息環境であるフィールドをどう切り取るか、すなわち、主役の〝野生の視線〟（野鳥の撮影は必ず目にピントを合わせるが、目に太陽光が入ることをキャッチライトといい、生き生きとした表情になる。）とそれを引き立てる背景をどのような構図に収めるかが勝負となる。そのため、撮影の醍醐味を味わうためには、野鳥の生態の知識と自然への観察眼が求められ、様々な準備と戦略も必要になる。しかし、そこでは自然を相手とするためこちらの意のままにならないことが多く、何時も、我慢と忍耐を強いられる。そんな苦行は、シャッターを押した瞬間に吹き飛んでしまうものだが、これもまた、懐かしく楽しい思い出の一つでもある。

ここでは、私のそんな思い出の勝手なお裾分けを、少しばかりお受け取りいただければ幸いである。

1　エピソードその1：野鳥の出現を待つ楽しさ、辛さ

ア「ねえ、まだ来ないの？」と妻は少しいらだった様子で聞いてきた。

多摩川の支流の大栗川の土手には大きなニセアカシヤ（正式名はハリエンジュ）が枝先を水面近くにまで広げ、その下の河原では、川の流れが緩やかに蛇行し、小さな淀みができている場所が幾つか生まれている。そこでは、カワセミがその枝先に止まり、淀みの中に潜むクチボソという小魚を狙ってダイビングして獲物を捕らえ、そのまま口にくわえて水中から飛び出し、元の木の枝に戻り、獲物を枝に叩きつけて骨を砕き、一気に飲み込む、そんな狩の様子がよく見られるポイントなのである。

二月の末、真冬の終わり近くになると繁殖の季節が到来する。カワセミの雄がそこでクチボソを捕らえてくわえて枝に止まったままピーと叫んで雌を呼び、それに応じてやって来た雌が同じ枝に止まると、そこで求愛給餌（「キュウアイ・キュウジ」という。雄が雌に魚を口移しするプロポーズの方法）が始まる。雌がそれを受け容れると、次に二羽の交尾が始まる。野鳥カメラマンにとっては、これらのシーンは正に最高のシャッターチャンスとなる。

私は、数週間に及ぶ事前の観察によりそんなポイントを見つけ、止まり木の枝の近くに、ブラインド（床のない簡易テント）を張り、その中に入って小さな窓から恐ろしく重い三脚に据え付けた大砲のような六〇〇ミリの超望遠レンズだけを外に出し、小さなパイプ椅子を二脚並べて、この瞬間を夜明け前から妻と二人でじっと待っていたのである。

週末には終日フィールドに出掛けて家に居ないという私の趣味の生活を理解し協力してもらうためには、このようなシャッターチャンスを妻にも体験してもらうのが一番、これが私の戦略その一であった。

冬の夜明け前の河原は、吹きすさぶ風を遮るものもなく、ブラインドの中に居ても、寒さが足元からしんしんと全身に伝わり、ダウンを身にまといカイロを下着等に貼り付けたものの、吐く息の白さが、外気温が氷点下を下回っていることを視覚的に自覚させ、息をのむような緊張感に襲われる。真っ暗な自然の闇が続き、東の空がようやく青みを帯び、少し明るさを増してきていた。妻が「まだ来ないの」と聞いてきたのは、そんなときである。私は、落ち着いた調子で、こう返事をした。「何を言うのさ。まだ三時間しか待っていないじゃないか！」

イ　野鳥撮影では、野鳥を追いかけて撮影する方法もあるが、野鳥の生態、フィールドの状況を把握し、野鳥が近くにやって来る場所、あるいは縄張り宣言をするために止まって囀るための場所、すなわちソングポスト等を時間をかけて探し、見付けると、その前にブラインドを張って中で待機するやり方もある。見つけたソングポストが高い土手の崖の中腹にある木の切株であったりすると、この待機作戦は、崖から転落して大けがをするおそれと良い写真を撮る喜びとの比較衡量が必要となり、必死で深刻な判断が求められる。待機作戦は、動かずじっとしていることが必趨であるが、丸一日待機していると、目指す野鳥がそこに一瞬止まって目の前で当たりの空気を切り裂くように大きく囀ることもあり、逆に、一度も来ずに落胆した心と重い撮影機材を抱えたまま帰宅することも勿論ある。目の前に野鳥が来てさえずり始めた時は、心臓が止まるかと思うほど、「きたー！」という感覚になるが、来ないまま帰宅したときは、「ただいま」という挨拶に力が無いせいか、妻にその日の不猟を見破られることもしばしばである。しかし、基本的には、野鳥が来る来ないに拘わらず、待機している間も、目指す野鳥が遠くから鳴く声が聞こえ、気配が近づきまた遠ざかる等、絶え間ない緊張感とわくわく感がたまらず、飽きることはないのである。

写真①

ウ　しかし、これまで一度もわくわく感を味わったことのない妻にとっては、「わずか」三時間でも長いと感じたのであろう。その日は、なかなかカワセミが登場せず、いつもより早めに切り上げたが、妻の立場に立ってその思いに気付かずに「まだ三時間しか待っていない」と対応した私の戦略の失敗であった。「冷静に、必死で相手方の立場になって考えてその気持をしっかりと理解し、その上

で話をする。」いつも心掛けているはずの和解勧試の際の説得のイロハを完全に失念したことによる作戦失敗であった

なお、この大栗川のポイントで撮ったカワセミの写真の一枚は、ユキヤナギの花が覆い被さるように咲いていたので、「花のかげりに」と題し、最高裁秘書課の庶務の部屋の衝立に飾ってあったが(今はどうなっているかは不明)、それは写真①のとおりである。

2 エピソードその2：野鳥撮影は良い趣味か？ 悪い趣味か？

ア 富士山の山麓は、野鳥の宝庫である。そこは、火山灰で成っており、雨水が地表に残らず、ほとんどが地表を濡らすこともなくそのまま地下水となって消える。野鳥にとって、地表にできた水場は、水を飲み、羽づくろいをする必須の場所であるため、山麓のわき水が作る数少ない水場には、ブラインドに入らなくとも、パイプ椅子に座って三脚を広げておれば、驚くほどの多くの野鳥が姿を見せるため、野鳥撮影には欠かせないポイントである。

しかし、富士山の水場は、ほとんどが標高一〇〇〇メートルを超えるため、冬には零下一〇度を優に超える極寒の寒さの中で、じっと動かないまま野鳥の出現を待つことになる。一面の銀世界の中、わき水が凍らずに溢れ出ている小さな水場近くでは、かわいい丸い目をしたライトブルーと一部黄色の美しい羽を持つルリビタキの雄が目の前で水浴びを始めるが、私は、水を浴びた直後の羽の水を切るため小さく羽ばたく瞬間を狙って（その瞬間は、飛沫が飛び、野鳥の目のキャッチライトが輝く絵

になる。)、鳥とほとんど同じ目の高さとなるようローアングルでシャッターを切ろうとしていた。そうすると、当然のことながら、雪原に直に座り込んだまま両肘を地面についてファインダーを覗き続けなければならなかった。その時期は、寒さでカメラのバッテリーの容量が急激に落ち、シャッター速度が鈍るため、カメラに手製の小さいセーターを着せて暖めたりするが、スチール製の高級カメラに触れる指は、体温が吸い取られ、くっついて離れないほどになる（手袋を付けたままでは、瞬時のシャッターを切ることはできないので仕方が無いが……）。ダウンジャケットをまとい、南極越冬隊が着るために開発された化学繊維で空気を取り込んで寒さを遮断する「魔法の下着」を着るほか、痛いほど冷たくなる足の指先を暖めるため、雪靴の中に使い捨てカイロを敷くが、効き目はなく、靴の中の酸素が足りないところでもしっかりと発熱する化学物質の開発をいつも望んでいる。同行の野鳥撮影の趣味の仲間も、寒さに震え、鼻水を垂らし凍えながら、息をのんでカメラを構えていたが、一息つくと、「俺たちは、なんでこんな辛い思いを好んでしているのかな⁉」と自虐的な雑談を始め、私の同感の笑いを誘った。このときの成果は、「飛沫麗し」という題で、写真②のとおりである。

写真②

イ　真夏の河原に張ったブラインドの中は優に四〇度を超える。

山梨県の笛吹川の河原で、カワセミの仲間のヤマセミというハトくらいの大きさで、白と黒とのまだら模様の羽と、髪飾りのような大きな冠羽が特徴の鳥が、鮎などが俎上してくる場所で、毎年営巣をするポイントがある。そこでは、ヤマセミは、土手に長く深い横穴を掘り、七月になると雛に餌を運びに頻繁に姿を現す。私は、繁殖の邪魔にならないように対岸の草陰にブラインドを張り、中に入って待機していた。真夏の太陽は遮るものもなく、熱さに耐えきれず上半身は裸になったが、それでも滝のような汗が吹き出し、あらかじめ用意したペットボトル五本は直ぐに無くなり、暑さでいささか朦朧とした状態でじっと待ち続けていた。その時、ヤマセミが「キャラッ！」「キャラッ！」と野性味溢れる鳴き声とともに登場し、巣穴前の岩の上に止まった。おそらく、川の中に飛び込んで水浴びをしようとしているのであろうが、じっとしていてなかなか行動を始めようとしない。このまま、水浴びの瞬間を待って写真に収めようと思ったが、今や脱水症状寸前の状態で、ブラインドから出て荷物をまとめて切り上げようとしていたときであった。そんなとき、ヤマセミが、川面を見下ろし、身体を左右に揺すり始めた。脱水状態から早く逃れるか、水浴びの瞬間の写真を撮るか、どちらの選択を採るか迷う余地もなく、からだじゅうに力が一気にみなぎるような感じになり、それから更に一〇分間待って、やっとヤマセミが水浴びをし、そのまま巣穴の方へ一直線に川面を飛翔する写真を撮ることができた。「命輝く時」と題したこのときの成果は、写真③である。私のヤマセミの写真の中でも自信作となったが、この写真を見る度に、水浴びを始めるまでの一〇分間が死ぬほど長く感じたことを思い出すのである。

ウ　「身体に良い趣味をお持ちですね。」これは、私が野鳥撮影を趣味にしていると話したときの多くの方の反応である。私は、これに対して、「仕事のことは忘れるので、気分転換にはなります。」と受け流すことにしている。本音では、身体に良いということは全くなく、敢えて言えば、身体には悪い趣味であるというところであろう。ひどい暑さ寒さにじっと耐え続けることだけでなく、特に、シャッターを押す瞬間は、胸の鼓動が早くなり、緊張感は高まり、精神的にも好ましくない状態になるなど、様々な苦しみ、悩みの連続である。しかし、それが少しもストレスにはならない。これは、裁判でどのような解決が正義に叶うのか、悩み苦しみ続け、毎晩のように仕事の夢をみる日々を送ってきたが、それと同じなのであろう。私は、真剣に、夢中で追い求めるときには、悩みや苦しみも、そのすべてが楽しさに繋がるからではないのかと、一人で合点している。

写真③

3　エピソードその3：幸運は自ら招くもの？

ア　丹沢の麓のある某公園は、春と秋には色鮮やかな夏鳥がよく見られるところである。夏鳥とは、普段は熱帯で生息し、繁殖期には、子育てのための餌となる虫等が一斉に大量発生することが期待できるシベリア等の北国の春を目指して渡りをする鳥のことで、我が国の山岳地も繁殖地となる。キビタキ、オオルリ等に代表される夏鳥は、南国の太陽に似合った色鮮やかな鳥が多い（勿論例外もある。）。この公園の一角に、人口の水場があり、秋には、太平洋を渡って南に帰る夏鳥が、その前に一休みして体力を蓄えるために訪れるので、市役所が、専門家に依頼してこの水場を造り、その周辺を厚い木塀で囲って人の立入を防いでいる。私は、一〇月始め、この囲いの観察窓から望遠レンズだけを出した状態で、水浴びに来る野鳥を早朝から待ち構えていた。午前一一時ころには野鳥の姿も少なくなり、撮影仲間も早々と帰って行ったが、これまでの私の経験から、次のような条件が整えば、素晴らしい絵になる写真が撮れるはずであった。まず、①この季節のこの時間帯の太陽の光の角度は、水場の端に止まる野鳥（今回はエゾビタキというキビタキの仲間）の姿をそのまま水場の水面に映し出し、②風がない日には、その野鳥の影がくっきりと水に映り、一羽の鳥がその影と共にあたかも二羽の野鳥がいるような絵になるのである。そして、③これが、二羽止まれば、合計四羽の姿が水面と水場の端とに大きく映り、④もし、二羽がお互いに向き合った状態であれば、二組のつがいが四羽で仲良く休んでいるような写真が撮れるのである。この話を写真仲間に話したが、エゾビタキがかなり地味な鳥のせいか、あまり関心を惹かなかったらしく、皆早めに引き上げていた。その日は、一人でひたすら待ち続けていたが、そんな時に、正に意図したような瞬間が訪れたのである。この時の写真が写真④であり、「水場の語らい」と題を付けたが、日本野鳥の会の二〇〇〇年の野鳥カレンダーに採用された。この写真は反響を呼び、撮影地として公園が所在する市の名前しか出さなかったが、その後、カレンダーの写真の場所はどこかという問い合わせが全国からそこの市役所に殺到したそうである。

イ　冬鳥は、普段はシベリア等の北国で生息するが、雪に覆われる冬期は餌が枯渇するため、日本に渡って越冬する渡り鳥のことで、東北地方の伊豆沼のオオハクチョウ等が有名であるが、コミミズクというフクロウの仲間も多摩川の河原で越冬する。コミミズクも夜行性であり、多摩川中流域で、カヤネズミ等を狙って動き回るが、風を切る音も立てずに多摩川の対岸から一直線に狙いを定めてこちらの岸まで飛んで狩を行う。その勇姿を撮影するためには、撮影できる時期・時間と場所、タイミング等を検討しなければならない。

三月の末、シベリアに春の兆しが訪れる頃、コミミズクは、渡りの準備のため、普段よりも多くの狩をして体内に脂肪を蓄えようとし、この時期の二、三週間に限って、夜だけではなく、暗くならない前の夕方のうちから狩を始めるのである。私は、中流域のゴルフ場の外縁の多摩川の土手で日が落ち始めようとする時刻に、三脚を据えて準備に入った。ゴルフ客は、夕方から姿を見せ始めた我々が、一体何をしようとしているのかいぶかり、「そんなところで何をしているの？」とよく聞かれるが、詳しい説明が必要となるため、河原の写真を撮っているとだけ答えることにしている。午後四時前後は、やっと高速シャッターが切れる明るさが残っている時間帯で、

写真④

その一時間が勝負であり、時間を無駄にはできない。コミミズクが広大な河原を多摩川の流れに沿って左右の方向（上流と下流の方向）に飛翔する姿は、早すぎてとてもカメラを左右に振るタイミングがとれず、ファインダーに収めることはできないが、よく観察していると、左右だけでなく対岸からこちらが待機する土手近くまで川を横切って一直線に向かって飛んできて、迷い無く近くの茂みに急降下してカヤネズミを捕まえるのである。このカヤネズミの所在があらかじめ分かれば、その近くの土手で三脚を構え、対岸から近づくコミミズクの正面の顔をファインダーの中に捉えれば、マニュアルでも必ずピントを合わせることができることが分かった。観察を繰り返していると、特定の数カ所、川の土手の間に設置された生活用水を流す小さな水路近くで、多くのカヤネズミが潜んでいることに気づいた。要するに、ネズミの餌になりそうなものが流れてくる個所がネズミもフクロウも狩のポイントとなっていたのである。正面から足元の土手の下の藪に向かってくるコミミズクの目は鋭く、こちらが狙われているような錯覚と恐怖感に陥り、それは、ファインダーを通してみる迫力ある野生の視線との格闘であった。そして、陽が落ちてくると、コミミズクの飛翔は、益々早さを増し、到底カメラのファインダーの中に捉えられるはずもなく、撮影を終わりにし、カメラから顔を離してただその圧倒的な迫力に見とれているしかなかったが、既に練りに練った作戦どおりの結果が得られた安堵感と満足感とが心の中に満ち溢れてくるのであった。このときの成果は、写真⑤であり、「野生の視線」と題したが、ニコンのフォトコンテストで入賞し、賞品の一つとして、写真をパネルに装幀した作品をもらった。もはや襲ってこないという安心感からか、ここでは、コミミズクの視線が心なしか優しく見えてくるのである。

ウ　野鳥撮影から教訓のようなものを導き出すことはできないが、何事によらず、目的を定め、作戦をしっかりと練って、観察を繰り返し、相手の気持や生態を理解し、我慢を繰り返し、一瞬の数少ないタイミングを待ち、そのような作戦通りの結果が得られることの喜びは、誠に得難いものである。それは、ひたすら幸運を待っているだけではなく、幸運を、チャンスを積極的に生み出す努力が必要であり、それが大変であればこそ得難い達成感を味わうことができるのであって、これは何事にもよらず普遍的な真理なのであろう。

写真⑤

4　エピソードその4：シャッターチャンスは命懸け？

ア　五月の後半、山梨県のさる神社の境内では、フクロウの雛が巣立ちを迎え、産毛に包まれた縫いぐるみのような可愛い表情を見せるようになる。しかし、これを撮るためには、横浜の自宅を午前四時に起きて、四輪駆動車で中央高速を走り、明るくなる前に現地に到着しなければならない。雛も夜行性であり、夜はまん丸な目を見開いて高い木の枝をごそごとと動き回るが、遠いのでストロボの光が届かず、また、夜が明けると朝八時頃には眠くなるのか、今度は境内のケヤキの大木の葉陰に隠れてしまうのだ。そうすると、午

写真⑥

前六時半からの一時間だけが撮影の勝負時間となる。その日は、珍しく、日曜日にも拘わらず高速道路が渋滞し、私は、ぎりぎりにポイントに到着した。慌てて雛の姿を探し、三脚を立てて、超望遠レンズを構えて撮影を始めようとしたとき、雛が突然に大きなあくびを始めた。またとないシャッターチャンスである。連写で数枚撮影し、今度は少し引いた位置で周囲の環境を入れ込んだ写真を更に撮ろうとして、斜め後ろに動いた途端、広い境内の中の大きな深い窪地に、三脚等もろとも背中から転落してしまった。右腕と肩を激しく地面の小石に叩きつけられて負傷し結構な出血となったが、それよりも、高価なレンズとカメラボディーの無事が気になり、それを確認すると、急いで窪地を這い上がり体制を立て直したが、既に雛は葉陰に移動して姿を隠してしまっていた。傷の痛みが襲ってきたのはその後であるが、痛みの記憶はさておき、顔全部が大きなあくびとなったようなこの雛の写真を見る度に、「よくやった！」と一人でほくそ笑んでいるのである。このときの成果は写真⑥のとおりであり、当然、「大あくび」と題した。

イ　春の渡りの季節に、多摩川河口の干潟では、翼が細く長く、白い体と黄色のくちばしが特徴のコアジサシという水鳥が、ボラの稚魚を狙って群れるシーンが見られる。大潮でしかも干潮になると、広大な干潟が広がり、河口から東京湾の少し奥まで、歩いて行けるようになり、コアジサシが湾の波打ち際でダイビングを繰り返して狩を始めているのが目に入ってくる。この狩の姿を追って、夢中でファインダーを覗き、シャッターを切り続けていた。気が付くと、潮は干潮から満潮に変わりつつあり、足元の干潟に海水が満ちてきていた。慌てて土手まで戻ろうとしたとき、ゴム長が砂地に深くのめり込み、両足が抜けず、身動きが取れなくなってしまった。重い三脚は、左右に揺すってなんとか砂地から引き抜いたが、ゴム長は抜けず、一瞬、このままでは満潮の海水に溺れて死んでしまうのではという恐怖感に襲われた。必死でもがいていると、三脚もろとも転倒し、下半身が水浸しになったが、なりふり構わず、起き上がって足を上げようとしていると、やっとゴム長の片方が抜け、もう片方も何とか抜けて、慌てて、しかし、文字どおり一歩一歩、超望遠レンズをセットした三脚を担いで、岸辺の土手へと向かった。潮干狩りの人達が数人、土手の上から心配そうに声を掛けてくれていたようだが、助けることはできない泥の中であり、ここは独力で脱出するしかなく、ようやく全身泥まみれで土手の上に這い上がった。六〇〇ミリの超望遠レンズは、高価なＥＤレンズ複数枚の組み合わせでできているが、隙間に海水が入ったため修理不能となってしまったが、とにかく命拾いをしたというのが実感であった。

しかし、撮った写真には、撮影者のこんな苦労を感じさせるものは何も見られない。広い干潟、白い波しぶき、コアジサシの長い翼の躍動、青く澄んだ初夏の空が、五月の風になびいて輝いているばかりであった。このときの成果は写真⑦のとおりであり、「川面に吹く風」と題している。

写真⑦

ウ　決定的なシャッターチャンスは、自然が相手であるから、滅多に訪れず、チャンスを逃さないためには、精神集中が必要となり、対象となる野鳥の視線のほかは全く目に入らなくなる。しかし、周囲への注意がおろそかになると、大怪我の元となる。ところで、裁判は、近視眼的に狭い視野で物事を捉えてはならず、若い法曹には、ミクロの細かな点の検討とマクロの広い視野とが必要であることをよく話す機会がある。小さな正義を求め、それがすべてであるとしてのめり込むと、正義の月光仮面のように歯切れ良く迫力のある判断とはなるが、その反面、そのことにより失われる次元の異なる利益が損なわれることもあり、いわば大きな正義を見逃すことがある。その逆も同じ問題があり、小さな正義のために憤る心を無くすと、多数者の目線ばかりで物事を考え、司法の使命が果たせなくなることもある。要するに、裁判には、常に「複眼的な物の見方」（これを分かり易く、トンボの眼と説明している。）が必要であって、このことを、新聞記者の物のとらえ方を例に挙げて、社会部の記者の魂と経済部の記者の物の見方のようだと紹介したことがある（私の著書『違憲審査――その焦点の定め方』有斐閣：二〇一七年刊行の「まえがき」参照）。しかし、裁判とは異なり、野鳥撮影においては、多少の怪我をしても良い写真を撮るために夢中でチャンスをひたすら求めて突き進む心が大切であるといってよいのかもしれない。怪我を恐れず、脇目も振らずにガムシャラに行く。趣味の世界では、冷静な判断よりも熱い心で突き進む違う自分をさらけ出す一瞬も面白いのである。もっとも、裁判だって、熱い心は必要だよ、という声も、やはりどこからか聞こえてくるような気もするが……。

おわりに

野鳥との出逢いを求めてフィールドを彷徨うことは、野鳥と同じ自然の中に身を置くことであり、自然と逆らわず、同化し共生していくことでもある。シャッターチャンスを求めるためには、事前の段取り、準備、そして覚悟、決断が必要であるが、思いがけない出来事もあり、運、不運もあり、気まぐれな野鳥との出逢いは、予測の出来ない自然の営みを体験することでもあって、何物にも代え難い出逢いである。いつも新鮮な驚きと緊張感の連続であって、喜びと落胆の繰り返しとなり、少し大げさに言えば、すべてに、小さな波乱の人生を味わう楽しさがある。そう考えると、法曹という仕事も、どこか似たところがあり、どれ一つとして同じ出逢いはなく、すべての事件が文字どおり一期一会であった。そんな日々の小さな驚きと緊張感が、野鳥撮影の醍醐味を連想させるような気がしている。それは、肩に背負う重い三脚が見てきたものと同じく、成果を得るための辛くまた楽しい心惹かれる営みともいえるものなのではないだろうか。

四　熟年夫婦のバラ栽培・クロニクル（年代記）

（今回の随筆集のため書き下ろしたもの）

1　物語の始まり

「バラがすごく似合うような気がする。」いつものとおり、妻のこの一言が始まりとなった。約一二年前に我が家を新築したが、その家は、イギリスのチューダー様式を模したものである。それは、ハーフティンバーと呼ばれる建築様式で、柱、梁、筋交い等の木の建築構造材をむき出しにして、その間を白い漆喰の壁と赤銅色のヨーロッパ・レンガで埋めたもので（半分が木の部分となるため、この名前が付いた。）、さらに、二階が一階部分よりも少しオーバーハングした特徴がある。天井、屋根も高くなり、この家なら、確かに赤と白のバラが似合いそうである（後掲の写真⑪参照）。以前に住んでいた家も、庭をコニファー類（低木の針葉樹）で囲って、ハナミズキを植え、ガーデニングらしきものを楽しんではいたが、この際、本格的にイギリスのガーデニングに倣い、バラの庭を楽しんでみようと思い立ったのであるが、これが大きな楽しみと小さな苦労の日々のスタートとなったのである。

2 チャールストンとバーグマン

バラの栽培には手がかかることは一般によく言われることである。そこで、私は、早速、バラ栽培の解説書を数冊買って読み込むと、先ずは、既に花が咲き始めているバラの苗を二本購入した。一つは、「チャールストン」で、沢山の山吹色の花は、それぞれが次第に橙色を帯びてきて、最後には真紅に変化するが、花によって多少の時間差があり、山吹色、橙色、真紅の三色の華やかな競演が始まり、文字どおり、チャールストンのように、軽やかで自由なステップによるオシャレな舞踏が続くのである。もう一本は、「イングリッド・バーグマン」で、これは、ハイブリッドという茎の背がかなり高くなっていくタイプのバラであるが、その名のとおり、我が家のフロントガーデンで、往年の大女優の優雅で辺りを睥睨するような堂々とした美しい真紅の大輪を次々と付け始めた。

チャールストンは、色の変化が早い分、花の寿命も比較的短いように感じられるが、これは、美しいものは移ろいやすく、その命は常にはかないもの、という私の思い込みによるもので、要するに、こちらの主観的な気分でしかないのかもしれない。しかし、妻も、花が咲くと、丁寧に消毒をしているのに直ぐ黒星病等の病気が付いてしまうと嘆いているが、これは、やはり消毒が不十分なためではなく、美人薄命は、バラの世界でも存在する理（ことわり）なのかもしれないなどと、自問自答している（写真①）。

他方、イングリッド・バーグマンは、秋に咲いた花がクリスマスを過ぎても容姿の衰えを見せず、そのため、道行く人からは「手入れが良いね」とお褒めの言葉をよくいただく。そこで、バラの図鑑

写真②

写真①

を調べると、このバラは、花持ちが良いことで有名な品種だそうであり、育て方ではなくそもそもの素質が良いのである。ここでも、人間の成長と同じ面があることを教えられた気がして、抗し難い自然界の摂理を感じさせられたといったら、これは少し大げさであろうか（写真②）。

3　モッコウバラとの格闘

フロントガーデンからは奥の庭に続く通路（パッサージ）があり、そこへの出入口には、フック式の鍵のかかる木製の大きな扉を設けている。しかし、それと屋敷との間に少し縦に空間があるため、奥の様子を外から見られないように、「モッコウバラ」を目隠しに植えることにした。成長が早く、垣根代わりに利用されるこのつる性のバラの性質を学習して選択し、更に、このバラのうちの黄色の花を咲かせるタイプではなく、かすかに甘い香りのする白い花を付ける方のタイプを選ぶことにし、高さが一メートルそこそこの苗を入手し、早く大きくなれとばかりに肥料もしっかりと与えてみた。ところが、モッコウバラの成長の速度は、驚くことに、他のバラを圧倒的に凌駕するものであった。翌年には、裏庭に続くパッサージの入口の木製の扉の上にあるパーゴラ（つる性の植物を絡ませるための棚状のもの）を覆い尽くす大きな茂みを構成するほどになり、おまけに、与えた肥料はすべて枝の成長の肥やしとなり、ほとんど花を付けないという事態になったのである。これ以降は、モッコウバラには肥料は一切やらないようにした。しかし、それでも次々とシュートと言われる空に向かって飛び出してくる若い枝を、年に六、七回は、休日に、炎天下であっても多少の雨が降っていても、大きな脚立に昇ってバランスを取りながら、伸縮する重くて長い剪定鋏でカットし続けることになった。そして、妻は、カットされた大量の枝が、食いしん坊のチョコ（器量よしのヨークシャーテリア）が噛み切って飲み込んでしまわないように、素早く大量のゴミ袋に詰め込むという迅速、必死の共同作業が行われることになるのである（後掲の写真⑥参照）。

バラの仲間であっても、大きな個性の違いがあることを知らされたが、人間社会と同様に、それぞれの個性を尊重しつつも、それを踏まえて上手に付き合うことが重要であることを、この歳になって嫌と言うほど教えられたのである。

4　バラの声なき声を聴く

バラの栽培を始める前から、「カクテル」という可憐な赤い花で芯に近い部分が黄色になっている人気のバラを育てようと夫婦で相談していた。近所でカクテルを見かけると、その一角だけがが、明るい日だまりのように輝いているため、「幸せ」を形にしたような存在に見えたのである。そこで、早速、大きめの苗を購入し、筒型の鉄製のトレリス（バラを這わせる円筒形のもの）に絡ませて、屋敷の玄関の脇のコーナーとなっている場所に植え付けてみた。しかし、なぜか次々と花を咲かせることもなく、むしろ二、三年経つと、すっかり元気がなくなってしまい、新しい苗に植え変えても同じ状況なのである。この玄関脇のコーナー部分は、南東向きで日当たりも良く、バラには最適な生育環境であると思い込んでいたが、他の品種に変えてみても、結果は同じであった。

失敗が繰り返され結果、我々夫婦は、ようやく、その原因は次の三点にあるのではないかという結論に達した。一つは、このコーナーは、日当たりは良いが、風が玄関部分の壁に当たって吹き抜けることがないため滞留し、そのため、結局、風通しが悪い場所になっているという点、二つ目は、上記のとおり屋敷の二階部分がはみ出しているオーバーハング状の構造の下にあって、少量の雨では地面に届かず、見かけ以上に常時乾燥した状態にあったという点、更に、三つ目は、庭の地面に設置したかなり大きめのガーデンライトを下からハーフティンバーの壁の屋敷に向けて夜中点灯させていたが、その強い光が、カクテルが植わっている部分を直撃し、バラをも夜通し明るく照らす結果となっていたことである。

思わぬ落とし穴があったことに気付き、直ちに、折角のガーデンライトは点灯を止め、夜の灯りは、門柱に組み込まれた淡い灯りだけにしたのである。現在、このコーナー部分は、乾燥に強いピンクのゼラニュウムがガーデン・オーナメントとしての石製の鉢の中で、一年中次々と花を咲かせているが、我々夫婦は、何か大きな安堵と、同時に本当に申し訳ないことをしたという気持を味合うこととなった。

この出来事は、我々にとって、微妙な生育環境の中で物も言わずに生き続けるしかない植物やその他の生き物たちの声なき声を聞かされた思いがしたのであり、大げさにいえば、それに気付かなかった我々の傲慢さを反省させられたということなのであろう（写真③はカクテルである。）。

写真③

5　バラの個性の楽しみ方

このようにして、数年の月日が流れ過ぎ、我が家の周りは、約三〇株ものバラで覆われる事態となった。そして、我々も、それぞれのバラには、個性があり、消毒しても病気になりやすいもの、花持ちが良いもの、つる性のもの等々のほか、多くの多様な個性に応じた対応とその楽しみ方が少しずつ分かるようになってきたのである。

写真④

ロサ・アルバ・セミプレナ（ROSA ALBA SEMI-PLENA）は、今日のバラの元祖となったオールド・ローズの草分けといわれている品種で、品種改良などがなかった時代の清楚で小さな白い花を咲かせる。このバラを購入するきっかけになったのは、その花の可憐さではなく、花が終わった後にはいわゆるバラの実を付けるが、その実がまるで小さなビワ程度の大きなもので、しかも、花のない冬の季節の終わりまで橙色の実を陽光に輝かせるのである。

バラの実は、それを乾燥させたローズヒップを使ったハーブティーを楽しむ場合は別にして、苗の栄養が実にのみ注がれて株全体が弱くなるのを避けるため、早期にカットすることがほとんどであるが、ロサ・アルバ・セミプレナは、その大きな実の素朴な美しさを味わうためにカットしないままにして鑑賞することがお勧めなのである。妻にも、他のバラの実と一緒にカットしてしまわないようにと念を押している。花が終わり小さな実が次第に大きく輝くようになるまでには数ヶ月かかるが、実の美しさを鑑賞するために、我が家の庭では、高い石のような台座の上に、イギリスから輸入した人物等の彫刻のあるガーデン・オーナメントである人工石の鉢を据えて、その高くなった鉢に植え込み、冬中、その花ならぬ実の方を見て楽しんでいるのである（写真④）。

また、世界のバラの中で最小の花を咲かせる「リトル　ウッズ」という名の淡いピンク色のバラは、深い芝生では芝の葉陰に隠れて花が目立たないため、これもガーデン・オーナメントである少女が芝生で腹ばいになって肘をついて読書している姿の石の像を購入して、庭の道路寄りの方に設置し、読んでいる本の周りにセダム（苔の一種）を植え付け、そこにこの小さな花を目立つようにアレンジしている。もっとも、小さい花であるため、できるだけ近づいて見た方が味わいがあるため、デジタルカメラで写真に撮ってパソコンの待ち受け画面にするという楽しみ方を見付け、今では、もっぱら、ディスプレー上でこの小さな花を味わっている（写真⑤）。

写真⑤

6　ガーデン・オーナメントとワンダーデコール

このように、ガーデン・オーナメントは、特に歴史と伝統のあるイギリス製のものは、庭を賑やかにし、植物とともに庭の楽しみ方を倍増させるために必須のアイテムであり、単なる植物園やバラ園とは異なるバラの庭の楽しみ方を教えてくれる。

横浜市青葉区鉄町の国道沿いの田園風景の中に、「ワンダーデコール・イングリッシュコテージ」（wonderdecor）というイギリスからのガーデン・オーナメント等の販売専門店がある。その店は、鹿野勝美オーナーが、イギリスに自ら出掛けて買い付けてきた沢山のガーデン・オーナメントやアンティークのイギリス製の食器や家具等が展示販売されており、イギリスのハンプシャー社（Hampshire Gargencraft Ltd）の日本での輸入総代理店である。鹿野氏のセンスでセレクトされたガーデングッズ等がお店や庭に置かれており、何時も熱烈な愛好者が多く顔を出している。我々夫婦もこのお店の常連であり、一歩中に踏み込むと、本場のガーデニングの世界に包み込まれるようで、その楽しさと奥の深さを存分に感じることができる。また、敷地内にある大きなバンガローの中で、アンティーク家具に座って、イギリス風の茶器で紅茶とスコーンを味わうなどイギリス式のアフタヌーンティーを楽しみ、時にはクラシックのミニコンサーも開かれ、時が経つのを忘れるひとときを過ごすことができる。我が家の庭に置かれている五〇点ほどのガーデングッズと多くのアンティークの食器や家具は、車で出掛けて行ってここで手に入れたものがほとんどであり、我が家は、ワンダーデコールの支店を営むことができるかもねと、妻と冗談を言ったりしている。

7　ガーデン・オーナメントのお仕事

写真⑥は、パッサージガーデン（通路を庭にしたもの）への木製の扉の上のパーゴラに繁茂したモッコウバラの下で、門番さながら、中に入ろうとする人を監視している「ガーゴイル」（神話や伝説に登場する怪物）風の石像であり、私には、「お前は心ある者か？」と問い掛けているように聞こえる。モッコウバラの繁茂する茂みに入ろうとすると、この怖そうな顔が上から見ていることに気が付くのであり、少し驚かせながら、その奥に続く扉を開ける期待とかすかな緊張感を味わってもらえることを狙ってセットしたもので、誠に頼もしい存在である。

写真⑦は、バラの繁茂する我が家のフロントガーデンに勝手に入り込まないようにするため、柵を廻すのではなく、セダム等が敷き詰められた道路沿いの庭の中で、花の陰から上目遣いに道行く人達を見ている石造りのおどけた「顔の像」を置いて

写真⑥

写真⑦

写真⑧

いるが、「私はだれも見ていない。」と言いながら通りすがりの人に目をこらしているようにも見え、庭沿いの道を通って登校する小学生に人気がある。「この顔は何時もぼくを見ているよ！」と言って、必ずその前で立ち止まり、真剣な眼差しでぶつぶつ言って像と会話をしている少年がいるが、その姿を見ていると、「顔の像」のお陰で、庭造りのこちらの気持と少年の見ている世界とに架け橋ができ、我が家のバラの庭で一緒に楽しんでいるようであり、我々にとっても誠に嬉しい光景となっている。

写真⑧は、「グリフィン」というライオンの体と鷲の頭を有する大きな石像であるが、我が家の庭のシンボルともいうべき伝説上の怪物である。彼は、兄弟はパリのノートルダム寺院の塔の屋根の縁等に住んでいたが、自分は、今は出るときではないのでここに居ることにするといって、おっとりと構えているようであり、不気味な形相ではあるが、その平穏なたたずまいが安心感を与えている。我が家のバラの庭の中心であり先頭に立って道行く人達を見ているが、脇には白いバラのアイスバーグ（つる性のものもあるが、これは、横に広がるフロリバンダの種類の方である。）がグリフィンの姿を優しく包んでおり、また、周りの鉢植えの各種のバラも、甘い香りを放って漂っており、全体として、小さな地上の楽園を演出するために参加していただいたものである。

　写真⑨は、四匹の豚の石像である。それぞれが、タンバリン、フルート、ギター、オペラ「魔笛」のパパゲーノが吹くような笛をそれぞれ奏でているポーズをとっている。我が家の庭に住むのは、神話や伝説上の怪物のような生き物がほとんどであるが、妻が、ワンダーデコールの店でこの四匹の楽隊の像に目が止まり、豚は幸せを運ぶものとしてイギリス等では人気があるという話から、すっかりその気になってしまったのである。私としては、リアルで滑稽な彼らの装いから、他のオーナメントとの円満な共存を多少危ぶんだが、とにかく購入することにし、前記の大きなバラの実を付けるロサ・アルバ・セミプレナの高い鉢の周囲に一匹ずつ配置してみた。ところが、予想に反して、四匹の豚の楽隊はえらく評判が良く、よく遊びに来る三人の孫たちは「可愛い！」と頭を撫ぜ回したりしており、宅配便のお兄さんも、「こんなのどこで売っているんです？」などと関心を示し、いつもはバラの花ばかり誉めるヤクルトレディーのおばさんも、「可愛いですね～」と感心してくれるので、とりあえずひと安心したところである。

写真⑨

　それからしばらくした土曜日の朝、私が犬の散歩から帰って家に入ろうとした際、この豚さんが目に止まったが、四匹の楽隊の配置

がすべてこれまでと変わっているのに気が付いたのである。一つ一つが重い石像であり、これを孫が動かすことは考えられないが、手前でフルートを吹いていた豚がタンバリンを持った豚と位置が交代し、他の豚も位置が変わっているではないか？　これは、昨夜の満月の明かりに照らされて機嫌よくなった豚達が、人の寝静まっている夜中、楽器を奏でて勝手に動き回って、まもなく夜が明けることに気づき、慌ててとりあえずバラバラと石の台の周りに戻ったからではないかなどと考えたりしたが、我ながらその馬鹿げた発想に苦笑してしまった。しかし、謎は解けず、朝食の際、妻に、「まさか庭の四匹の豚を動かしたりはしていないよね？」と聞いてみたところ、妻は、ニヤリとして、「そんなことしないわよ！」という返事を返してきたが……。

我が家の庭には、このほかにも、多くの石像・オーナメント等が鎮座しているが、庭の住人として、多くのバラの香りに包まれながら、平穏な時の流れることを見守ってくれているのである。

8　最初の試練

バラ栽培を始めて、紆余曲折を経ながらも、何とか一二年の月日が流れたが、二〇一九年になって、我々夫婦は最初の試練に直面した。

ア　アンジェラとシンデレラの悲劇

我が家の東北東の壁面には、アンジェラという赤いつるバラを這わせようとして、そのための木の枠を格子状に組んだ大きなフェンスを設置していた。アンジェラは、とにかく元気で、春と秋には、この壁面のフェンスを登り、二階の屋根の天辺近くまで枝を広げ、次々と沢山の花を咲かせるのである。遠くから我が家を見るとき、青空を背に、このアンジェラの赤が壁面を覆い尽くしている様子が目に飛び込んでくるため、それは、真に絵になる光景であって、アンジェラを主役にして年賀状の写真に採用したこともある（写真⑩の右側）。

ところが、二〇一九年になると、アンジェラは、春になっても花芽が余り出ず、樹勢が見るからに弱り始め、夏近くなると、沢山の白いカイガラムシが枝にこびりつき、消毒をしてもあるいは妻がハサミの背の部分でこれを削り落としても、カイガラムシは、新たに次々と広がり、黒星病もひどくなり、一気に枝が枯れ出したのである。

写真⑩

我が家の庭の玄関の正面に当たる南南東の壁の前には、壁と直角方向に木製の大きなアーチが組まれており、その下を孫たちも自由に行き来していた。アーチの太陽の当たる方の側（道路側）には、今人気の「ピエール・ド・ロンサール」という大輪の美しい薄紅色のバラが大きな花を咲かせており、道行く人達からは、写真を撮らせてほしいという申し出が多くある人気の光景が展開している。他方、そのために日陰になってしまうアーチの反対側の側面には、家の壁との隙間が余りないにもかかわらず、「シンデレラ」という四季咲きの、ピンク色の美しいバラを植えていたが、このバラが次第にアーチの日陰部分から更に水平に直角に曲がって東北東側のアンジェラの生育する壁面にすごい勢いで進出してくるようになったのである。その結果、これがアンジェラへの日当たりを大きく遮る様相を見せてきた（写真⑩のアーチの陰にシンデレラがわずかに映っている。）。要するに、シンデレラという新種の元気の良い美しいつるバラが、日陰部分から抜け出すために、アンジェラの生育する壁面まで一気に進出し、その結果、アンジェラは、日当たりが悪くなり、湿気が多く、病害虫が発生し、急に枯れ始めたという次第なのである。

加えて、このシンデレラの棘は、驚くほど巨大で鋭く、アーチの下をくぐり走り回る孫たちは、セーター等が引っかかって破れ、手や腕がこの棘で怪我をする事態も起きるようになってきていた。これは、もちろんシンデレラのせいではなく、要するにアーチ内の道幅が狭くなり、また、シンデレラの絡む側面に日が当たらない位置関係になっていたことに対して適宜の対応をしなかったこと（シンデレラの花の美しさのためか、強い剪定をせずに脇の方に無理に枝を誘引したとしたこちらの判断ミスなのである。）が原因であった。

これらの事態をどう打開すべきか？　妻と二人で出した答えは、結局、枯れ始めたアンジェラと棘が大きなシンデレラ（棘だけでなく、これもカイガラムシの攻撃を激しく受けていた。）を共に抜いてしまう方法であり、残念ながら、これしか思い浮かばなかったのである。

イ　バラの根を抜くための共同作業の顛末

庭の植木の手入れは、いつも懇意の造園業者に頼んでいたが、枯れかけたバラを抜くだけであれば、自分たちでもできるはずと思い、この二本の高さ二メートルを優に超えるバラの大木の上部に広がった枝を、刈込用の大きな植木ハサミと園芸用の鋸とナタを使ってカットを始めた。ゴミ袋にしっかりと入る大きさにするため、沢山の枝を短く切り落とし、それが庭の通路いっぱいに散らばったものを妻が大きなゴミ袋に入れる作業は、結構な力仕事であったが、その量は予想を大きく超えたものであり、朝早く始めた枝の剪定・カット、それをゴミ袋に詰め込む作業は、結局午後遅くまでかかり、後は地上から五、六〇センチほど残した太い幹を揺すりながら根元を掘り起こし、根っ子を二本とも引き抜くだけの状態となった。やっと一段落付いた気分で、とにかく時間をかければできるのだと二人で確信したのである。二本のバラを抜いた後には、将来、新たに元気なバラを植える予定であったので、根元近くで切って根を残すようなことはせず、完全に根を引っこ抜いてしまおうと考えた。

シンデレラは、既に根元を前後左右に揺らすと大きく揺れるため、さほど手間はかかりそうもなく、アンジェラは、垂直に地下深くに伸びる根を見つけてカットしてしまえば、枯れかけたバラの根を引き抜くのは造作無いことだと踏んでいた。そこで、目で見える細い根はすべてカットし、あとは簡単に抜けるはずなので、スチール製のシャベル・スコップを先ずアンジェラの根元近くに突き刺し、テコの原理で根を持ち上げようと試みた。ところが、これでもなかなか抜けず、夫婦一緒に、時には一人ずつ力の入れ方を工夫して、渾身の力を込めてスコップを突き刺し引き抜こうとする努力を何度も続けた。しかしながら、依然として、引き抜くことはできない状態が続き、気が付くと辺りには夜の闇がしっかりと近づいてきていた。ここまでやって諦め、出入りの造園業者に頼むのは馬鹿らしいという思いと、以前にシマトネリコの抜根をその造園業者に頼んだときは、確か中型のクレーン車を使ってやっと引き抜いたことなどを思い出し、最初から頼んだ方がよかったかなという言葉が思わず口を衝いて出たが、妻は、それに答えることもなく、「あと少しよ！」と手を緩めないままであった。二時間ばかりが無意味に過ぎていったが、改めて地面に張り出している細い根を見つけてカットし、二人で一緒にもう一度引っ張ってみよう、それでも抜けなければ明日以降にしようと決めて、アンジェラの根元をつかんで文字通り二人力を合わせて力いっぱい引き抜こうとした。その時、ギュッッツという音とともに一気に根が抜け、二人は、はずみで思い切り地面に尻餅をついてひっくり返ってしまった。相当のお尻の痛さがあったが、この調子でシンデレラもやろうということになり、気分が一気に高揚し、再チャレンジをしたところ、今度は馬鹿力が出たのであろうか、これも最後は尻餅をついたが、見事にシンデレラも根を引き抜くことができたのである。

周囲は既には夜の闇に覆われてきていた。しかし、この共同作業の成功は、近年味わったことのない真に清々しい達成感を夫婦がお互いに味わうこととなったのであるが、これはやはり、この二本のバラの最後の贈り物のように感じられたのである。

9　二つ目の試練

ア　アイスバーグの悲劇

我が家のフロントガーデンの西南西側には、反対側のアンジェラが絡んでいた側と同じような木の格子状の枠で組んだ大きなフェンスを設置しており、白い「アイスバーグ」というバラのうち横に広がるタイプではなく（このタイプは、前述のとおりグリフィンの脇を固めている。）つる性の品種のものを植え込み、それをフェンスいっぱいに這わせている。このバラをいわゆる地植えしたいと考え、我が家の二台分の駐車スペースのアスファルト部分のうち、隣家との境にある二か所を少し切り抜いて地面を露出させ、バラ等が植えられるようにしたが、フェンスは、この部分に設置されている。それは、しっかりしたコンクリート製の土台をその地中に埋め込み、太い焦げ茶色に塗った木の柱四本を支柱にした上で、四メートルほどの長い木の板を天井代わりに四枚貼り付け、それに粗い格子状になるように細めの木の板を多数組み合わせたものである。そこは、風通しは抜群で、西南西の風が気持よく吹き抜け、日当たりがよく、バラ栽培には最適なフェンスなのである。

写真⑪

そのため、つる性のアイスバーグは、短期間でみるみる成長してフェンスを完全に覆い尽くし、毎年、我が家の庭の「花でできた塀」のごとき機能を果たし、全体として「バラの館」のような風情を醸し出しており、大いに気に入っていた（写真⑪）。もっとも新芽が隣家の敷地に進出し過ぎないように常時選定をする必要があるほか、頂芽部分が元気で花を沢山付けて大きくなり、頭でっかちのようになって、その部分が、フェンスの天井代わりに張り付けた四メートルの横板の上をも乗り越えて我が家の駐車スペースに進出している点が気になってはいた。すなわち、年一回の春の開花期には、我が家の二台の自家用車のボンネット等や、庭全体、さらに、風の強い日には、道沿いの歩道にも大量の花びらを降らせることになり、妻は花びらの掃除に、余念なく対処することになっていたのである。

ところで、二〇一九年は、関東地方にも記録的な風雨を記録する台風が襲来し、令和元年台風第一五号が九月九日に上陸したほか、台風第一九号が一〇月一三日に襲来し、記録的な豪雨を関東甲信越地方にもたらした。もっとも、強風による被害に限れば、東京・神奈川地方は、いずれも大した被害もなく終わったようである。

ところが、我が家の庭についていては、第一五号では一応被害はなく済んだが、第一九号の際は、一時的に強烈な突風が吹き、それによりこのフェンスの天井代わりの四メートルの横板の一枚が、支柱部分から剥がれ、そこに絡んでいたアイスバーグともども我が家の駐車スペースに落下するという事故が発生した。普段はフェンス近くに駐車している一台の車の方は、たまたま車検の時期で駐車していなかったため、その被害を受けなかったのは幸運であったといえよう。四メートルの横板は、フェンスの支柱と交差する三か所に、それぞれ一〇センチ近い長さのステンレス製の太い釘を五本ずつ打たれて止められていたのだが、それら合計一五本の釘がすべて横板に付いたまま支柱から抜け落ち、四メートルの横板とそれに絡んでいたアイスバーグの大きな苗と一緒に落ちて我が家の駐車スペースの半分をそのまま覆い尽くす状態となったのである。

剥がれ落ちた横板は、新たな板を釘付けし直すことで対処できるが、そもそも一五本もの釘が抜け落ちたのは、この横板にアイスバーグの太く成長した茎が多数絡みつき、隣地への進出を避けるためそれとは反対側の我が家の駐車スペース側に誘引されて上からもたれかかるように繁茂してきていたことが原因である。これでは、まるで横板がアイスバーグ全体の重さを支えるに等しく、この状態が数年間続いており、次第にその重さに耐え難くなって板に打ち付けていた釘が抜け易い状態になっていたのであろう。そこへ、二度にわたる記録的な暴風・突風が襲い、これが原因で、横板が剥がれて落下することになったのである。

このような事態は、近隣では、我が家の庭だけで生じたようであるが、しかし、「二〇一九年に限った稀有な台風襲来のためであるから、通常は、あるいは今後は起きる可能性が少ないはず！」とは決して言えないところであろう。庭のつるバラが繁茂する状況は、我が家の庭だけでなく当然ほかにも存在するところであり、地球温暖化による異常気象の出現は、地球規模の問題ではあるが、我が家の庭のバラという身近な生物にも致命的なダメージを与えることを、身をもって教えられたのである。趣味のバラ栽培への思わぬ被害が生じたことは、地球の異常気象の深刻さを直接的に、あるいは自分たち自身の問題として受け止めざるを得ない強烈な体験となった。

イ　地球温暖化との小さな闘い

フェンスに這わせて楽しんでいたアイスバーグは、地球温暖化が今後どのように進展するのかが不明な状況下では、再びフェンスに絡ませることはできないというのが我々夫婦の結論であった。二〇一九年のような台風来襲が今後とも予想されるとすれば、バラとともにフェンスの横板が再び落下するような事態は避けるべきであろうし、現実問題として、大木となったアイスバーグの大量の枝をねじり曲げながら再び格子模様のフェンスにうまく縫うようにからませるのは不可能である。そこで、少し根元部分を残して全体をカットすることにし、将来、仮に地球温暖化対策が効果を生じ始めるような事態になれば速やかにアイスバーグの再生がこの残した根元から図れるように、かすかな希望を繋ぐことにしたのである。そして、二〇二〇年の二月には、早くもその根元から新芽が顔を出し始めた。未来への希望をしっかりと繋いで行けそうなけなげな芽吹きを見付けた時は、夫婦とも、いささか浮き浮きした気持にさせられたのである。

ところで、フェンスの方は、二〇二〇年早々に、出入りの造園業者が元のように横の板を支柱に打ち付けてくれた。しかし、アイスバーグが姿を消したこの広い木のフェンスを今後どう使おうか、何を飾るかが我々の検討事項となった。フェンスは、単に隣家との境界を明らかにする塀というのではなく、我が家のバラの庭で、バラやそこで住むオーナメント等と心を通わせ、心弾む世界を自然な形で画するためのものである。そこで、我々は、当面は、その思いに沿った何かをつるバラの代わりに広いフェンスに飾ることにしようと考え、ワンダーデコールで購入した心ときめくハンギングのプレートを幾つか飾ることに決めたのである。天使や女神の姿や美しい植物や、野鳥の飛翔する姿などが彫られ、平穏な時の流れが感じられるタテ型の楕円形の大きな板状のプレートを二枚と、古代の神話に登場しそうな丸い「太陽の顔」（?）のようなプレートを一枚選び出した。これらは、いずれも、台風到来の際には、外して保管することのできるものである。特に、「太陽の顔」の方は、その前に立って、正視していると、その顔がほほ笑んでいるように見えたり、少し憤っているように見えたり、心配そうな表情が漂っていたり、激励の言葉を発しようとしているように見えたり、良くやったと言ってくれているように見えたり、その都度、表情が異なって見え、まるで日本の能面に似て、見る角度や見る人の心の状態により表情が違ってくるのであり、毎朝見つめて無言の対話をするのが楽しみとなってきている（写真⑫）。

写真⑫

とにかく、夫婦で始めたバラ栽培は、二つ目の試練もなんとか乗り越えることができたかな、と感じている次第である。

10　おわりに

私は、約四五年間、裁判官として、人間や社会の様々な事象に向き合い、紛争や犯罪のより良い、正義に適った解決を求めて悩み続ける日々を送ってきた。事件に登場する人物やその人たちの言い分は、それぞれの思いや個性があり、その人たちを取り巻く社会状況も多様で、時の経過等による変遷もあり、そのため、裁判で出す答も、正解は一つではなく、それは、裁判官である自己の全人格的な判断によるものであることを教えられてきた。出した答えが本当に正義に適ったものなのかどうかを計る明確な物差しなどはなく、結局は、自らが真剣に悩みながら出したものであるということが、唯一の心の拠り所なのである。

他方、バラ栽培の世界は、ガーデン・オーナメントと共に、我々夫婦が自分たちの思いだけで理想の花園を創り出すことができるはずだというそれなりの自信があったのであるが、一〇年以上の歳月を経た今では、別の感慨を抱かされている。それは、バラの極めて多様な個性や、植物が本来的に秘めている生きる力や、それが適する生育環境の在り方や、そして、オーナメントとの対話、はたまた地球環境レベルの問題までもが絡み合った複雑で奥の深い問題を一つ一つ解きながら進んでいく人間の営為の結晶なのではないだろうか。バラの美しさ、香しさを求めることから始めた夫婦二人の思いは、それを遥かに凌駕する容易ならぬ自然の摂理や社会的な課題や、地球環境までも視野に入れた努力をも求められることとなったのであった。そして、その努力の先に得られたものは、当初は予想もしていなかった精神的な高揚の数々なのである。我々がバラ栽培から得られたものは、果てしなく大きく、深く、そして思い出深い喜びと苦労との遭遇、体験であったと感じている。

今日もまた、剪定鋏を持って庭に出ているが、そのカチカチ、パチンパチンという音は、当初は予想もしなかった貴重なそして忘れ難い人生体験ともいうべき数々の出来事を思い出させるものであり、この耳に残る音と共に、このバラ栽培との出会いの喜びを噛みしめているところである。

これからも、多くの様々な喜びや苦労との出会いを求めて、夫婦のバラ栽培・クロニクルをずっと書き続けていきたいと願っている。

五　未来に繋がる司法の歩み

（「司法の窓」最高裁広報誌八〇号「15のいす」）

「我々は、後ろ向きになって未来に入っていく。」（nous entrons dans l'avenir à reculons.）

学生時代に出会ったフランスの詩人で思想家ポール・ヴァレリーのこの言葉の逆説的なニュアンスが、当時から解けない謎のように心の中に残っていた。その後、同じような言葉にまた出会った。中島みゆき作の音楽劇・夜会Ｖｏｌ３「24時着0時発」は、過熱するバブル経済期に未来を疑わず突き進んでいった人間の営みが挫折した後、残された者達の目線で見た不条理の世界を鮮やかに描き出している作品であるが、その中で、こんな歌詞が歌われている。「行先表示のまばゆい灯りは、列車の中から誰にも見えない。無限軌道は真空の川、ねじれながら流れる。」

近年、最高裁では、我が国社会が抱える今日的な課題がそのまま紛争・事件となり、法的解決を求めて上告される状況が見られる。超高齢化社会の到来による老人介護を巡り、介護施設で体力だけは元気な老人が起こす事故について、施設管理者等の安全配慮義務違反の有無が問われるようになり、

ＤＮＡ解析技術や生殖補助医療の急速な進歩が、血縁関係の証明やいわゆる代理出産等を可能にし、法律上の親子関係の成立が争われる事態が出現しており、精神医学の進歩がＰＴＳＤ（外傷後ストレス傷害）など精神に与える傷害という新しい概念を明確にし、犯罪被害者や暴力的いじめで自殺した者の心理を解き明かし、その法的評価が問われるようになり、さらには、企業のグローバル化した経済活動がトラブルを解決するために準拠すべきルールをどう捉えるかが論争になるなど、立法や行政の対応がされないうちに起きた紛争等が、いきなり裁判所に持ち込まれてきている。

司法は、未来を予測し、未来を創造するものではなく、未来とは逆の歴史的事実に向き合いながら、法解釈という手法で、先例のない紛争であってもその本質を見極め、在るべき解決策を模索することがその使命であり、愚直に一つ一つの事件の解決を積み上げていくことが未来に繋がるということであろう。冒頭のヴァレリーの言葉も中島みゆきの詞も、行先が見えない列車に乗って時の流れを進む今日の司法の姿を連想させる響きがある。夜会のフィナーレの冒頭に出てくるカタッ、コトッと繰り返す列車の走りを感じさせる音楽は、私にとって、日々歩み続けるための伴奏（伴走）のように聞こえてくるのである。

六　事実から導かれる法を求めて

（第一東京弁護士会会報五四七号・巻頭言）

「法とは、その最広義では、物事の本来の性質から導かれる必然的関係である。」（Les lois, dans la Signification la plus étendue, sont les rapports nécessaires qui dérivent de la nature des choses.）

これは、御存じのとおり、モンテスキュー「法の精神」の冒頭の一文である。私は、この言葉に出会って五〇年以上になるが、未だその深遠な意味を理解できないでいる。法律実務家として長年、数多くの事件と向き合い、社会的事象から自ずと導かれるあるべき法、法的解決は何かを求めて悩んできたが、それは、具体的な認定事実の吟味によってしか回答を見つけることができないことを教えられてきた。関連する判例や学説はあるが、それぞれが具体的な事実を基にした判断であって、他方、紛争はすべて個性があるため、同じような法的判断が可能なのかは、多くの検討が必要である。判例はどの事実を重視して結論を出したのか、別の事実、要素が加わっても同じ判断になるのか、先例を支えた社会状況や国民の意識はその後どのような変化を見せ、五年後一〇年後の社会がどのような姿になっているのか、なるべきなのか等。しかし、事実に向き合ってそこから導かれる「法」を探ることは、悩みが多いが、同時に、法律実務家としての仕事の醍醐味でもあって、何物にも代え難い楽しみでもある。

学生時代に受けた伊藤正己教授（その後最高裁判事）の英米法の講義では、「学者は法理論を前提にし、事実をそれに当てはめ法的な結論を導き出すが、友人である裁判官の話によれば、実務家の思考方法は、これとは異なり、まず事実認定が重要で、その段階で法的結論（民事訴訟ではどちらを勝たせるか）がまず直感的に形成され、その上で、判例・学説等の法理等からその結論が説明できるかを検証して判断を確定するという、学者の三段論法とは逆の思考方法であり、驚いた。」と述懐しておられた。この「直感的に」というのは、いわゆる「リーガル・マインドで」という趣旨であろうが、私も正に実感してきた点である。それほど、個々の事実は個性的で重く、正に事実から法が導き出されてくるのである。

現在、我が国社会は、価値観が多様化し、企業活動もグローバル化による新たなルールが次々と生まれ、また、生殖補助医療等の進歩が新たな親子関係成立等の問題を生じさせており、さらに、LGBT等、社会の多様性を指向する流れも生じている。そのため新たな紛争が生じ、我々法律実務家にとっては、先例等が通用するかどうかを白紙で検討しなければならない。

このような状況の下で、弁護士としては、先例はどのような事実関係を基に形成されたのか、新しい時代の流れの中で事実とその評価は以前と異なるのか等を分析した上で、裁判官を説得する法的主張を展開する必要が生じている。弁護士は、新しい時代の流れに直接触れる機会が多く、特に、若手は新鮮な時代感覚を身に付けているはずであるから、先例をいかに多く収集して利用するかを考えるよりも、新たな事実を踏まえ、常に先例を批判的な視点で検討しながら、今日的な観点から、変えるべきもの・変えてはいけないものを見極めていくことが求められるのであろう。

私は、冒頭のモンテスキューの言葉を、「事実の本質から導かれる声をしっかりと聴いて、あるべき法を探れ！」と説いているのだと勝手に理解しているが、それは、時代を超えて、法を求め続ける者への激励のメッセージなのではないだろうか（注）。

（注）　具体的な事実（fact）をしっかりと捉え、その本質、意味を理解し、それを踏まえてあるべき法的判断を導き出すのは、裁判官・法曹の思考方法の特徴であるが、この点を詳述するものとして、私の著書『憲法判例と裁判官の視線——その先にみていた世界』（有斐閣：二〇一九年一〇月刊行）の「第一部　最高裁における憲法判例形成の実情等　Ⅱ二3〈裁判官の思考方法との関係〉」の項を参照されたい。

七　グローバリズムの行く末と司法が残すべき足跡

（二〇一七年西村あさひ法律事務所・一月六日年頭会合での挨拶）

1　明けましておめでとうございます。オブ・カウンセルの千葉勝美でございます。

二〇一七年の西村あさひ法律事務所の年頭会合の閉会に当たり、日本語で、御挨拶を申し上げます。

先ほど、執行パートナーの保坂雅樹弁護士から、当事務所が、我が国のみならずアジアへと、グローバル・フィールドでの展開を続けているという現状の紹介と、そのような状況の下、①「『法の支配』を基礎とする豊かで公平な社会を実現する」という我が事務所の基本理念を追求し続け、最高の法律事務所を築いていくべきであるという決意表明がされ、さらに、②これを成し遂げるためには、本年は、常に、クライアント目線・外部目線を十分に意識して行動すべきである等、事件に取り組む基本姿勢についての実践的で具体的な指針も示されたところであります。

本年も、これらを基に、一人一人が心を一つにして、目標に向かって進み、課題を克服していく必要があります。

2　本年は、アメリカ合衆国大統領にトランプ氏が就任し、これまでにない「アメリカ・ファースト」を旗印にした保護主義的な政策への転換が図られる可能性があり、欧州では、排外主義的な政策を掲げるリーダーの出現の可能性もあり、ISに関連するテロ攻勢が深刻さを増してくる等、近時は各国が連帯と協調により展開を見せてきたグローバリズムの行く末も、いささか不透明な様相を見せており、先行きを予測することがこれまでになく容易でない状況にあります。

3　ところで、一昨年刊行した裁判所の広報誌「司法の窓」（第八〇号）の巻頭随筆でも紹介した話ですが、私の学生時代に出会ったフランスの詩人で哲学者ポール・ヴァレリーは、時代の流れを読む天才で、「フランス革命よりもボルタの電池が世界を変えた！」という言葉は衝撃的なものでしたが、彼の言葉の中に、「我々は、後ろ向きになって未来に入っていく。」（nous entrons dans l'avenir à reculons.）というのがあり、この逆説的なレトリックの意味が解けない謎のように心の中に残っていました。その後かなりの時が過ぎて、同じようなレトリックにまた出会いました。

4　中島みゆき（人生の機微を歌う、屈指のシンガー・ソングライター）作の音楽劇・夜会Vol13「24時着0時発」は、加熱するバブル経済期に未来を疑わず突き進んでいった人間の営みが挫折した後の姿、すなわち、川の流れをせき止め、工場用地を造成し、そして途中で放置された巨大な建造物の残骸等により、川を遡上して産卵場所となる上流にたどり着くすべを失った鮭の眼差しで見た不条理の世界を鮮やかに描き出しているものですが、その中で、こんな歌詞が歌われています。「行く先表示のまばゆい灯りは、列車の中から誰にも見えない。無限軌道は真空の川、捻れながら流れる」

5　司法は、あるいはすべてのlawyerは、未来を予測し、みずから未来を創造するのではなく、未来とは逆の歴史的事実に向き合い、法解釈・法理論・判例という武器・手段で、先例のない紛争であっても、その本質を見極め、在るべき解決策、最良のリーガルアドバイスを見つけ出すのが使命であり、その営みを愚直に続け積み上げていくことが未来に繋がることになるのです。

6　冒頭のヴァレリーの言葉も、中島みゆきの詞も、行き先が見えない列車に乗って時の流れを進み、ねじ曲げられた流れ、ないし列車のレールを正しい方向へと切り替える「転轍機」（中島みゆきが使った古めかしい用語、要するに線路を切り替えるポイント）を見つけようとする姿勢が、未来を切り開くために求められる、ということを言っているのであろうと思います。

7　地球規模での克服すべき課題が多く見られる今日、連携と協調が求められるグローバリズムが真に豊かな果実を実らせるためには、常に「法の支配」の理念を検証し、それに沿った軌道を堅持して進み続ける必要があり、そのために果たすべき司法あるいはlawyerの責務は、誠に大きなものがあると考えています。

8　年の初めに当たり、我が国最大の規模等を有する西村あさひ法律事務所のこの一年が、大きな時の流れの中で、信頼を勝ち得る足跡を残すものとなるように、皆様と共に頑張っていきたいと思っています。

本年も宜しくお願い申し上げます。

八　所長宿舎の庭から——甲府市愛宕町の四季の野鳥達

（法曹会の機関誌「法曹」に載せた随筆全一二編）

(1)　二〇〇三年二月の庭

（「法曹」六三〇号）

甲府地家裁所長宿舎は、ＪＲ甲府駅から東に徒歩五分の高台にあり、地名のとおり愛宕山の裾野の住宅街の一角に位置している。敷地は、隣接して在った三つの職員宿舎跡地を加えると、住宅地でありながら緑の多い一画となっており、一〇〇坪を超える大きな池も抱えている。庭には、四本の欅の大木を中心に、植栽が整えられ、朝早くから野鳥のさえずりで賑わっている。昭和三三年築の木造の宿舎は、極度に老朽化が進み、来年春には別地で建替えが予定されており、おそらく私が所長としてこの庭を眺める最後の住人となろう。野鳥の写真撮影を趣味とする私にとって、この庭の四季の移ろいの中で訪れる野鳥の姿を一年を通して読者にお伝えすることは、私の義務ではないか、と勝手に思い込んでいる。

二月は、多くの庭木が葉を落とし、蕾も堅く、池の端に据えられた石造りの小さな太鼓橋と灯籠が主役を担うようになるが、その近くの紅南天の葉陰にジョウビタキ（写真①）の雄が朝早くから動き回っている。冬場、縄張りを持つこの鳥にとって、宿舎の広大な庭は、格好のテリトリーなのであろう。「縄張り」を共有する私も、脅かさないよう主に敬意を表しながら、朝日に輝く勇姿をそっと撮らせていただいた。

写真①　ジョウビタキ♂

（「法曹」六二二号）

(2)　三月の庭

愛宕町の宿舎の春は、「黄梅」の花と共に始まる。池の周囲に壁のように厳つい風情で鎮座する岩々の間から、頼りなげに細く長い枝を垂らして黄色の可憐な花を付けるこの梅は、一七世紀に中国から伝来したものだそうである。日差しが明るくなった三月のある朝、この梅の突然の開花に驚かされるが、宿舎の庭は一気に春の気配を漂わせ始める。この一か月、早朝から訪れて池の奥の日陰にじっとしていたマガモ（写真②）のつがいも、誘われるように、花の前にくり出し青い首を立てて背伸びをし出した。そんな光景を見ていると、厳しかった冬の寒さもようやく終わりに近づいたなといった感慨に襲われる。陽光の降り注ぐ宿舎のダイニングの窓をそっと開け、室内に三脚を据え付けて池に向かって逆光の中で撮影を始めると、時の経つめを忘れるくらい平和な気持に包まれる。この時期は、庭の南側縁側近くのチンチョウゲも咲き始め、その香りに誘われたかのように、ツグミの仲間のシロハラが、まん丸な小さな目を光らせながらごそごそと落ち葉をひっくり返して餌探しを始めた。庭に出て小さく盛り上がった東側の土手に腰を下ろすと、南アルプスの雄大な山並みが目に飛び込んでくる。均整の取れた甲斐駒ヶ岳は、先日の名残の雪を頂に残して今日も青く、そして白く輝いていた。

写真② マガモ

（「法曹」六二二号）

(3) 四月の庭

所長宿舎の庭の東側の小高い土手に、甲府市街を見渡すように石碑が一基建てられ、「園記」としてこの庭の由来が刻まれている。かつてこの地を「隠棲の居地と為さんと欲して」数奇屋風二階建ての広大な愛宕山荘を構えた大木善右衛門は、明治、大正時代の甲府を代表する財界人の一人であるが、彼は、自らその豊富な学識を駆使してこの庭と池の成り立ちを記した名文をこの碑に残している。それによると、文禄二年国主浅野長政が府中城を築いた折、石垣を積み上げるため四箇所の石切場から岩石を掘削したが、この地はその石切場の一つだそうである。今では、その北側半分に検事正宿舎が建ち、庭の風情を共有しているが、こちらに残った庭の池は、岩石を取り出した跡に湧水と雨水とが溜まって今日に至ったもので、その意味では史跡とも言い得るものである。

四月を迎えると、この庭の随所に剥き出しのまま顔を出している多数の暗灰色の岩石を包むように、カラスノエンドウ、オオイヌノフグリ等の沢山の野草の緑が庭を埋め尽くすようになり、庭全体に「命」の息吹が感じられる。石灯籠の陰のユキヤナギの大きな株が、小さな純白の花を咲かせると、小雨に煙る日でも、そこにだけ光が舞い降りたように輝き始める。冬の間、大きな群でこの庭の周囲を飛び回り、岩から岩へと遊び回っていたスズメ達は、繁殖のため川原や田んぼに去っていったのか、めっきりその数が少なくなり、この灯籠の上に止まって首をかしげる様子（写真③）もたまにしか見られなくなった。冬の間この庭をねぐらに毎朝顔を出していたツグミ（写真④）は、北へ帰る日が近

写真③　灯籠の上に止まるスズメ

写真④　ツグミ

づいたせいか、ミミズばかりか草の根まで穿り出して体に脂肪を蓄えるのに余念がなく、望遠レンズを近づけても食べるのに忙しいといった感じで、横目でこちらを睨み返してきた。南側の旧職員宿舎跡地に残った大きな石榴の樹は、沢山の実を残したまま冬を過ごしてきたが、澄んだ青空に映えたその赤い実もさすがに枯れ始め、これを狙うヒヨドリの姿も少なくなった。朝早くから賑わっていた野鳥のさえずりは、気が付くと、耳をそばだててやっと聞こえる程度に変わっている。この庭には、一メートルにも満たない山桜の小さな低木が一本あるほか、春を告げる華やかな草木は少ないが、季節の移ろいを知らせる風情に満ちているようである。

この庭の趣致をこよなく愛した大木善右衛門の碑文には、「客有ればともに楽しみ、客無ければ獨り徘徊瞻（セン）眺するを娯しむ。三径（小道）を逍遥しつつ樹を見て目をやすらげ、石を視て古を懐ふ。また、なにをか羨まんや。」というくだりがある。静かな夜明けを迎え、彼を真似て、自然の石畳となっている庭の小道を、足元の野草の可憐な花を踏まないようにして歩きながら、少し暖かさを増したこの庭の空気を胸一杯に吸い込んでみた。春は、私にとって、冬鳥達との別れの季節でもある。

(4) 五月の庭

(「法曹」六二三号)

宿舎の池の北東の一角を支配する三本の櫻の大木が、遠慮がちに薄緑色の若葉を付け始め、木漏れ日が水面に柔らかく反射する五月を迎えると、夏鳥の到来が始まる。庭の南側の塀沿いに枝を張っているキンモクセイの葉陰に、黄橙色の胸をしたキビタキ(写真⑤)の雄が朝から動き回り、フライングキャッチ(空中を飛びながら餌をつかまえる方法)で羽虫を追いかけていた。南方からはるばる渡って来たこの鳥は、鳴き声も美しく、早くあの甘い軽やかなアリアを聞きたいと耳を側立ててみたが、長旅の疲れのためか、縄張り宣言を始める前に、まず腹ごしらえといった体であった。キビタキの立ち寄りは、この日だけであったが、美しい姿を何度も思い出し、一日幸せな気分で過ごすことができた。

写真⑤　キビタキ♂

数日後、池の反対側に陣取っていたキショウブ(黄菖蒲)の大群が、気付かぬうちに背を伸ばし、一斉に黄色の大ぶりの花を咲かせ始めると、池の周りは、一段と色を濃くした欅の葉陰と共に、全体が緑の中に黄色の花が交じり合い、幽玄な大和絵さながらの世界を出現させた。朝早く、降り続く雨が池の水面を叩き、濡れたキショウブが輝きを増した光景を、部屋の窓を大きく開けたまま陶然とした気分で見とれていると、少し強くなった雨音が庭の静けさを気づかせてくれた。窓を閉めた瞬間、羽虫を狙ったツバメが一羽、目の前を横切り、あっという間に水面をかすめて飛んでいった。

（「法曹」六三四号）

(5) 六月の庭

六月の初め、愛宕町宿舎の池の庭にカワセミ（写真⑥）がやって来た。

夕方、台所の窓から庭を眺めていたとき、池の対岸のケヤキの葉陰に腹が橙色の小さな鳥が止まっているのに気が付いた。双眼鏡を取り出して確かめようとしたその時、小鳥は、チーと鋭く鳴いて、コバルトブルーの羽をキラリと輝かせながら、手前の池の端に据え付けていた「止まり木」目がけて一直線に飛んで来た。待ちに待ったカワセミの出現である。胸の高鳴りを抑えながら、六〇〇ミリの超望遠レンズを左右に動かし、ニコンF5のファインダーの中にやっと鳥の姿を捉えることができた。その直後、カワセミは、池の中に飛び込んだかと思うと、錦鯉の稚魚を口にくわえて浮上し、再び止まり木に戻り、そのまま一気に呑み込んでしまった。腹の赤味がやや黒ずみ、背中のコバルトブルーも宝石の輝きと評されるほどの美しさには今一歩といったところであるが、下嘴が赤ではなく黒であり、紛れも無いカワセミ♂の幼鳥である。

写真⑥　カワセミ♂

この池には、数代前の所長が放した錦鯉の稚魚が成長し、今では六〇～七〇匹の群れとなって泳いでおり、毎年春にはキショウブ（黄菖蒲）の根元に体をこすりながら産卵をする。この卵が孵るころを狙ってカワセミが飛来すると聞かされ、庭に転がっていた枯れ枝を石灯籠の手前の池の岩の隙間に差し込んで止まり木を作り、ほぼ一ヶ月が経ったところであった。この錦鯉には、カワセミに来てもらうために、毎朝、私も歴代所長にならって餌を与えている。これらの小さな努力（？）がやっと実ったというところである。

カワセミが横を向いた瞬間、南アルプスに沈みかけた夕日がキャッチライト（鳥の目が陽光を捉えると、顔の表情が生き生きとしてくる。）となり、花の終わったキショウブの深緑を背景に、美しい絵が出現した。「この一瞬を逃すものか！」消えかかった残光を惜しみながら、必死でカメラのシャッターを押し続けた。

（「法曹」六二五号）

(6) 七月の庭

七月初めの曇りの朝、庭の池の対岸にある切り立った岩の上に、ゴイサギ（写真⑦）が一羽佇んでいた。欅の葉陰と暗灰色の岩肌を舞台として、頭部と肩羽が暗い紺色で、頬と腹が白と灰色、目の虹彩が赤というように、塗り絵のようにコントラストがハッキリしたこの鳥の立ち姿が浮かび上がり、さながら歌舞伎役者の登場といったところである。しばらくファインダーを覗いていると、突然ふわりと身を浮かせ、池の手前の岩へと飛んで来て、宿舎のダイニングの窓際にセットしていたカメラの真ん前で立ち止まった。後頭部にある二本の細く白い飾り羽をこれ見よがしに揺らせながら、こちらにゆっくりと顔を向けて大見得を切った（？）後、しばらく池の錦鯉の稚魚を探していたが、見つからないと分かると、また、ふわりと身を浮かせて彼方へと飛び去っていった。

写真⑦　ゴイサギ

ゴイサギは成鳥と幼鳥とでは姿が大きく異なる鳥である。幼鳥は、褐色をベースに淡い「ハブ色」の斑点に覆われた全体的に地味な装い（別名「ホシゴイ」と呼ばれる。）であるが、成鳥は、これとは正反対で、くっきりと押し付けがましい程の派手な姿をしており、それが、この悠然とした立ち振る舞いに妙に似合っている。この鳥の飛来は、深緑と暗色に包まれたこの庭の季節の素朴な風情とは異なる趣ではあるが、それが面白く、写真を撮りながら一人微笑んでしまった。

花の少なくなったこの季節には、野鳥の来訪も稀になるため、巨大なウシガエル（写真⑧）が庭の主役を担うようになる。当初、その「グエー」という大きな叫びを聞いたとき、どんな巨大な動物が現れたのかと驚かされたが、ある雨の朝、菖蒲の白い穂に隠れて岩の上にじっとしている愛嬌のある姿を見かけてからは、この叫びがやさしい響きに聞こえるようになってきた。ぎょろりと大きな目が飛び出し、黄色と緑色の肌に黒い斑模様のある「ぬるり」としたその様子は、一見すると、池の中にカエルの置物が置いてあるのかと錯覚するほど大きく、そして動かなかった。それが三〇分後くらいに僅かに目が動いたことから、あわてて望遠レンズを向けてシャッターを押したのだった。四六時中、十匹程度が一定のリズムで叫び続け、それが池の周りにこだましているが、慣れるにつれて、夜中にふと目を覚ましてこの声が聞こえないと、どうしたのかと思わず耳をそばだててしまい、また鳴き始めるとほっとして眠りに着くようになってしまった。かつて、近所の住人が病床でこのカエルの声をうるさがり、知人が空気銃で（釣り糸を垂らしたという説もある。）ねらったところ、その崇りのせいか（？）病が重くなったという言い伝え（もちろん真偽不明であるが）があり、いずれにしろ、この池の先住者としての敬意と愛情を持って臨むことに越したことはないのだろう。「グエー！　グエー！」。今夜は、二重唱が、やさしく長く続きそうである。

写真⑧　ウシガエル

(7) 八月の庭

八月の初め、例年になく遅い梅雨明けを迎え、宿舎の庭には、真夏の強い陽射しが降り注いでいた。じっとりとした空気が漂う中、勢い良く繁茂した庭の野草達を掻き分けながら歩くと、むっとした草の熱い息吹が身体を包み込んでくる。庭の池はその半分近くが欅の大木の影に覆われ、錦鯉達も日陰を求めて体を沈めていた。庭の南側の、岩を階段状に積み上げた小さな登り道に腰を下ろしていると、程なく、木陰になった池の中の小岩の上に、顔の輪郭が淡い色取りのカルガモ(写真⑨)の雌が一羽飛来して、こちらを気にとめる様子もなく、羽づくろいを始めた。冬の間つがいで訪れていたうちの一羽なのかは定かでないが、穏やかな庭の風情が気に入ったのか、ゆっくりと大きく伸びをし出した。一秒間八コマのニコンF5の高速シャッターの威力を借りるまでもなく、羽先の方の推進力の源となるいずれも先の尖った初列風切羽、その後に揃った浮揚力を生む次列風切羽、根元を固める三列風切羽、その上にあるちょっとお洒落な青紫の翼鏡等が丸見えで、野鳥図鑑の絵の通りだな、などと納得し一人微笑んでしまった。

セミの声も止んだ静かな午後のひととき、頭上の太陽を見上げな

写真⑨　カルガモ♀

(「法曹」六三六号)

がら、こちらも、平和な気持ちになり、長々と平らな岩の上に寝そべってみた。アキアカネが明るい青空を背に乱舞していた。

（「法曹」六三七号）

(8) 九月の庭

夏草に覆われた宿舎南側の芝生に、彼岸花が咲き始めた。九月下旬、サンダル履きで、朝露に濡れた草の茂みを踏みしめ、めっきり涼しくなった風を頬に感じながら庭に出てみると、芝生の真中にある黒松の根元近くでひっそりと咲いた彼岸花の真紅のあでやかな姿が眼に飛び込んできた。残暑の厳しい日が続いていたが、季節は知らないうちに着実に秋へと動いていたのである。

写真⑩　モズ♂

その時、「キィ！　キィ！　キィ！」という鋭い鳴き声と共に、モズ（写真⑩）がその黒松の葉陰に飛来してきた。眼の左右に黒い帯状の模様（これを正式には「過眼線」というが、友人は「モズの泥棒マスク」と呼んだ。）のある雄が、繁殖を終わり、単独で縄張りを宣言するいわゆる「モズの高鳴き」をしていたもので、秋の到来を告げる風物詩の一つでもある。この庭は、自然のままの状態で各種の野草が繁茂し、多くの昆虫達が生息しており、モズ君は、そこが気に入ったようである。次の瞬間、彼は、いきなり茂みに飛び込み、自分の顔が隠れるほどの大きなカマキリをくわえてまた枝の上に姿を現わした。鋭く曲がったくちばし、体に似合わない大きな爪、精悍な眼差し等が、小さいけれど猛禽の証となっており、さすがに勝ち誇ったポーズがさまになっていた。

庭の岩に貼り付いた苔も生気に満ちて美しく、庭全体に未だつややかな緑が支配する中、少しだけ色づいた欅の葉が一枚、ゆらりと、針のような松葉の上に舞い降りてきた。

（「法曹」六二八号）

(9) 一〇月の庭

池の奥にそびえる三本の欅の梢が、ようやく色づき始めた。身が引き締まるような盆地特有の朝夕の寒さが訪れる一〇月の下旬、朝早く、陽光を通して輝く緑が、日に日に紅や橙色を加えて華やかさを増してくると、宿舎の庭は、一気に秋深しといった風情になってくる。

庭の北東方向にある隣家の柿の木は、既に沢山の赤い実を付け、野鳥達を誘っており、こちらの台所の窓からもその賑わいが窺われる。薄日差す朝、黒い頭巾を被り青と白の長い尾羽をひらひらと揺らせながら、オナガ（写真⑪）の群が、柿の木に集まり、枝に逆さにぶら下がったり、仲間達と喧嘩しながら、大きな実を夢中でついばんでいた。彼らは、枝に残っていた熟し切った実をあっという間に食べ尽くしてしまうと、今度は、こちらの庭に移動して来て、欅の葉陰で遊び始めた。その姿の美しさに似合わない「ギュー、ギュー」というカラス科特有の濁った声が庭の静けさを破ったが、気のせいか、満腹で楽しげな響きに感じられた。池の中に夜明け前から陣取っていたアオサギは、騒々しい彼らの到来に嫌気が差したのか、まもなく遠くへ飛び去っていった。

オナガ達による喧騒が過ぎ去った後、池の水面を覆っている落ち葉や小枝を、長い柄の大きな網を使ってすくい取ってかき集めると、絵の具を落としたような赤、黄、茶といった色とりどりの木の葉が、枯れる直前のハッとするような美しさを競い合っていた。甲斐善光寺の朝の鐘が、遠くからゆっくりとこだまして来た。

（「法曹」六三九号）

写真⑪　オナガ

⑽　一一月の庭

愛宕町の一一月の終わりは、透き通るような朝の陽光が、南アルプスの山々の頂きの雪化粧を明るく照らすようになる。この頃、宿舎の庭は、僅かな風でもハラハラと木の葉が散り始め、全体に落ち葉が敷き詰められてくる。台所の窓の真ん前にある桐の木の周りも、黄色の団扇のような大きな葉が幾重にも降り積もり、日に日にそれが枯葉となって色を失っていく。色彩が一気にモノトーンへと移りゆく庭の様子は、冬の足音が次第に大きくなって聞こえてくるようである。

葉が落ちて明るくなった池の奥では、このところ連日アオサギが飛来しているが、先日は、冬眠直前で動きの緩慢な大きなウシガエルを嘴で突いて捕らえ、必死の形相で呑み込もうと長時間悪戦苦闘していた。

冷気が和らいだ日の早朝、庭に出てみると、南側に土手のように盛り上がった旧職員宿舎跡地にそびえるヒマラヤ杉の天辺でじっとして動かないアオサギ（写真⑫）の姿を見つけた。この木は、隣家との目隠しのため植えられたようだが、今や二〇メートル近い大木となり、地面に跪いて、大きな三脚に載せた超望遠レンズを急角度で空に突き出し、ようやくカメラのファインダーにこの鳥を捉えることができた。アオサギは、青みを帯びた灰色の羽をベースに白や黒の模様を組み合わせた姿をした我が国最大のサギで、六〇〇ミリの望遠レンズで覗くと、天空から下界を睥睨するような鋭い眼差しが凄みを帯びて迫ってきた。カメラを縦位置に構え、動かぬ威厳ある姿にしばし釘付けになったように眼を離さず、シャッターを押し続けた。

「カン、カン、カン」。中央本線の特急「あずさ」の朝の便が宿舎の近くを通過し、踏切の警報機の音が懐かしげに聞こえてきた。

写真⑫　アオサギ

⑾　一二月の庭

（「法曹」六四〇号）

一二月の早朝、北東からの強風が音を立てて裸になった木々の梢を揺らしていた。落ち葉を踏むサクサクという心地よい音を楽しみながら、一人、宿舎の庭を散策すると、知らぬ間に南側の縁にある椿が薄桃色の花をつけているのに気が付いた。玄関前に回ってみると、正面の塀の手前角にある斑入りマサキも、小さな赤い実を沢山付けて、朝日に輝いていた。

写真⑬　ルリビタキ♂

そんな時、「チュリリー」という、ジョウビタキより少し甲高い鳥の鳴き声が庭から聞こえてきたので、慌てて戻ってみると、椿の奥の枯葉の積もったあたりに、ルリビタキ（写真⑬）の雄が一羽、餌取りをしていた。頭と背と尾が、「幸せの青い鳥」のモデルかと思わせるような鮮やかな瑠璃色で、側胸に橙黄色の羽を持ち、目が白いリング付きのまん丸で可愛い表情をしたこの小鳥は、冬季になると山から市街地の公園等に下りてくるのだが、「この冬はルリビタキの当たり年だ」という友人の話のとおり、愛宕山の麓のこの庭にも可憐な姿を見せてくれた。僅かに真紅の葉を残すドウダンツツジや苔の着いた岩や常緑のネズミモチの枝の間を、次々と楽しそうに飛び回っていた。チタンやスチールでできたカメラボディーやレンズ、重い三脚等を素手で握ると、体温が吸い取られそうで、冷たいというより痛いという感触に襲われるが、地面に膝をつけたまま、息を殺し、すばやい動きを追い続けた。

小さな発見に幾つか出会ったこの朝、厚いダウンジャケットのお陰なのか（？）、寒風を頬に受けながらも心が温かいもので満たされてきた。

（「法曹」六四一号）

⑿　翌年の一月の庭

年が明けた一月の中旬、宿舎の庭は、未明に降った大雪にすっぽりと包み込まれ、全体が氷の箱に入ったような寒い、暗い朝を迎えた。年が改まり、大寒の少し前から最低気温が氷点下を大きく下回る日々が続いていたが、この朝は、池も結氷し、長年宿舎を根城としていて私と共生している器量良しの野良猫の「デコ」が、恐る恐る池の氷の上を歩くほかは、野鳥の声も姿もなく、沈黙の世界となっていた。

庭に出て、積もった雪を踏みしめると、水気の少ないさらりとした感触で、手にとって雪の玉を作ろうとしたが、固まらずに砕けてしまった。野鳥の餌になる草の実や木の芽を探してみたが、雪に隠れて見つからず、玄関の前庭の植え込みの中にある大きな南天の株が数日前まで赤い実を残していたのを思い出し、近寄って雪を払って探してみたが、さすがに野鳥に食べ尽くされた後であった。それではと、市販の草の実を雪の上に播き、家の中に入って野鳥の到来を待ち続けた。ほどなく、地味な冬羽のカシラダカ（写真⑭）が、たった一羽だけ可愛い顔を見せてくれた。雪の照りを考慮しカメラ

写真⑭　カシラダカ♂

の露出を＋《プラス》1に補正して、目にピントを合わせながら、夢中で実を啄ばむ姿を撮影した。

この宿舎は、老朽化が進み、建替えのため取り壊す予定であったが、変更となり、この庭で野鳥達と遊ぶ楽しみが今しばらくは続きそうである。しかしこの時期は、春の訪れを知らせる自然の変化は目には何も見えず、重苦しい寒気の去るのをじっと待つしかなさそうである。

気が付くと、朝日が雲間から差して池の氷に反射し、まぶしいほどの大量の光の乱舞が目に飛び込んできた。ようやく明るくなった東の空に、マガモが七羽、シルエットとなって遠くへ飛び去っていった。日は昇り、季節はまた巡り来るはずである。

第二部

裁判の楽しさ・醍醐味とは？

裁判の楽しさ・醍醐味について

——裁判は自らを写し出した映像

（早稲田大学法学会大会での講演）

二〇一五年六月に第九四回・早稲田大学・法学会大会が開催されたが、私はその際、このような演題で講演を行った。聴衆の対象として想定したのが法学部一年生で、彼らに、法律家・裁判官とはどのような人物なのか、その仕事の面白さはどこにあるのか等について知ってもらうことを意図して、行ったものである。その概要を御紹介したい。

（はじめに）

法学部に入り立ての皆さんにとって、法律に直接関与する職業である法曹（裁判官、検察官、弁護士）がどのような仕事をしているのか、具体的なイメージはつかみ難いであろうと思います。特に、裁判官は、テレビドラマ等で見る限り、とにかく年寄りで、いつも能面のように無表情であり、面白みのない人物のように誇張されたイメージとして登場し、また、そもそも、実物を見たこともない人が多いのではと思います。私は、現職の最高裁判事ですが、見たとおりであり、このようなイメージを一新させることはできませんが、裁判官とはどんな人物なのか、その仕事の楽しさはどこにあるのか等について、体験的なお話をしにやってきました。

裁判所というところは、正直に言って、誠に居心地が良い。変な上司等はいない。つまり、テレビドラマに出てくるような、組織の中で出世ばかり考え、ゴマすりばかりの人や、上司の権限を振りかざし、独断専行し、責任は取らない人、部下に対してえこひいきばかりする人、派閥を作り排他的な仲間を作る人などはいません。

体験からいうと、裁判官の仕事、あるいは裁判は本当に面白い。自分の判断が直接社会の秩序・規範を作り、人々の一生を左右することになる。本日は、その面白さややり甲斐について、体験的に分かりやすく御説明したいと思います。

なお、本日の話は、結局のところ、裁判官固有の話というよりも、紛争や犯罪等の社会的事実に向き合い、法の支配という共通の理念の下で、正義に適う適正な解決・結論は何かを模索し続けることを使命としている点で、他の法曹である検察官、弁護士に関しても共通するものであることをお断りしておきたいと思います。

1　裁判の楽しさ・醍醐味とは何か？

ア　先ず挙げたいのは、悩むことです。（本当？　と思うでしょうが本当です。）

裁判官をはじめ法曹の役割は、社会正義を実現することに尽きます。それは、紛争を解決し、犯罪を裁き、その結果として正義を実現することです。しかし何が正義なのか？　より正しい解決は何か？　これは、法律の条文をいくら睨んでも答えは出て来ません。それは、結局、正当な国民の権利益を守り、平穏な社会や人間関係を創り出すことですが、それには、一般市民の理解、納得に支えられて実現できるものであり、そのためには、事件の当事者の心に響く解決、被告人や被害者等の心情を踏まえた解決を目指す必要があります。また、広い視野と個別の事実の吟味（マクロの視点とミクロの検討）により、社会と人間の過去、現在、そして未来をも見据えて、妥当な解決を見つけ出さなければなりません。

イ　したがって、法律の規定をそのまま当てはめるだけの機械的、形式的な検討では答えは出ない。そこでは、何があるべき解決・結論なのかを真剣に悩むこと、考え続けることが不可欠ですが、これが面白い。そういうと皆さんが首を傾げるかもしれません。確かに、「悩む」ということは基本的には辛いこと。しかし、最近はやりの「ナンプレ（ナンバープレイス）」ないし「数独」では悩みながら正解を見つけ出す遊びで、私の妻は、これを楽しそうに何時も悩んでいる。正解を見つけた時の達成感を味わっているのでしょうか？　裁判の楽しさも、そんなイメージに近いかも知れません。

2　リーガル・マインド（legal mind）――全人格的判断が必要

ア　それでは、悩んで正解を見つけるためには、何が必要なのか？

それは、一言で言えば、リーガル・マインドを使うということです。辞書を引くと、リーガル・マインドとは、「法律の実際の適用に必要とされる、柔軟で的確な判断力」をいうとあります。皆さんも、この言葉の意味を既に習っているか、そうでなくとも近々習うはずです。

話は少しそれますが、「リーガル・ハイ」というフジテレビのテレビドラマのシリーズがありました。御覧になったことがありますか？　堺雅人が、金儲け至上主義をモットーとし連戦連勝の敏腕弁護士を演じ、なぜか広末涼子が若く冷徹な裁判官、それと新垣結衣が新米弁護士、彼らが絡む法廷ドラマ（ほとんど喜劇です。）の題名ですが、リーガル・ハイの本来の意味であるいわゆる危険ドラッグを吸ったようなめちゃくちゃでハイテンションの堺雅人の法廷での弁論等の展開が面白いドラマです。そこでは、彼は、こじつけのような弁論を展開し、そこが面白いのですが、その彼の弁論の中にも、リーガル・マインド的な説得力あるフレーズがちらっと現れる。なるほどと思わせるものがある。だから勝訴するのです。

イ　話を戻すと、リーガル・マインドとは、紛争や犯罪の実体、真相、本質を把握し、何が論点、問題点なのか、重要な問題や重要でない問題はどれかを的確に分析・抽出し、広い視野から判断をする力のことです。ごく簡単に言えば、多くの人達がなるほどと納得するような妥当な判断をする力のことであり、そのためには、①先例やマニュアルからは答えは出ない、②トリッキーな法律論だけで当事者が納得する結論は出てこない、③事案に謙虚に向き合い、白紙で、自分の頭でじっくり検討し、柔軟に考え、答えを出すという法律家にとっての全人格的な判断をするということです。では、これを駆使することがなぜ楽しいのか？？？

《具体的な事例を想定するなどして、チェック》

御一緒に、リーガル・マインドで考えてみましょう。

◎　事例1（民事）

認知症がある程度進んでいるけれど、体は元気な老人（今日の日本社会では少なくありません。）が介護施設で遭った事故について、介護施設側の責任（いわゆる安全配慮義務違反の有無）が問われた事件（架空の事件です。）を例に考えてみましょう。

介護施設内で老人が真夜中に起きて施設内を徘徊し、普段は使用しない非常用の階段に入り込んで転落し、後頭部を強打して、外傷性出血等により最終的に死亡に至ったという事件を想定します。

施設内での事故であり、施設側は、このような事故を防止する義務（「安全配慮義務」と言います。）の違反があったかどうか（すなわち過失の有無）が問われました。過失があれば損害賠償責任を負うことになります。

1　この事件の論点

この事件の解決には、法律専門家でなければ議論できないような法技術的・専門的な知識は不要です。法学部に入学された皆さんも、ここで自分の判断で自由に考えて欲しい。さて回答は？　論点を少し整理すると、こうです。

「介護施設側（スタッフ等）は、老人等を預かり介護のサービスを提供する施設である。当然に、老人等の日常生活において、大けがや大事故が起きないように、その安全に配慮する義務がある。スタッフが老人の動静を注視し、非常用の階段など危険な所に立ち入らないようにし、事故を未然に防ぐ対応をすべきである。」

これが基本の考え方です。そこで、施設内で事故が起きたから「施設側に過失あり」として終わるのであれば話は簡単です。しかし、この判断で大丈夫か？　他の考え方はないのか？　皆さんが裁判官になったとして、どう考えるのか。施設側の訴訟代理人として弁護士は何を強調し、「過失無し」に持ち込むのか？　老人の遺族側（被害者側）の訴訟代理人であればどうか？

結局、何を考慮して結論を出すのかをここで考えて欲しいのです。

2　介護施設側の安全配慮義務違反を認める際の考慮要素

一応考えられるものを想定してみますが、比較的簡単です。

ア　スタッフは徘徊するおそれの高い入居者の動静を常に注視して危険な場所に一人で行かないように対応すべきである。

→しかし、施設の収容者は一人ではなく他にも沢山いる。夜間も一人一人常時動静をチャックするためには多くの人手が必要になる。そこまで要求すべきか？

→また、そのような司法判断を示すとなると、スタッフを大量に採用せざるを得なくなり、人件費が増大し、介護施設の入所費用が高騰する。そうすると、施設を利用できない人が増える。そもそも、ヘルパーの人材不足で、増員は容易ではない。国や自治体の補助にも限度がある。

イ　夜間に徘徊しないように老人をベッドに縛り付けることはどうか。

→人権侵害ともなり、介護のやり方として全く不適当。

ウ　そこで、そのような徘徊老人は個室に入れ、夜間は鍵を掛けて出歩かないようにする。

→夜間だけであっても、外から鍵を掛ける点は人権上の問題があるし、了解を得て行ったとしても、トイレをどうするのかの問題がある。オムツは嫌がる人が多い。夜中にトイレに行きたいなど、色々な用事を口実に部屋の外に出たがり、その度にスタッフを呼ぶコールボタンを押すことになると宿直員は大変。そもそも、そのような個室が用意できない場合はどうするか？

エ　最終的には、認知証のおそれのある一定程度高齢の老人は最初から（あるいは認知症が悪化してきた場合には）受入れを拒否するという事態になりかねない。

3　正解はどれか？　皆さんの考えは？　時代を見据えた判断は？

考えられる正解は次のとおり。

今日の我が国は超高齢化社会を迎えており、その大きな課題の一つに老人介護の問題がある。本件は、この問題の様々な論点が含まれており、一般的に言うと、正解は一つではなく、複数あるような気がする。

正解A：介護施設の責任を全面的に認める（施設側に厳しい判断）。

介護施設の現状のスタッフの数などの体制が法令等に違反していないとしても、介護する職務・義務がある以上、努力して職務を全うすべし。国等からの補助金が十分でない等があっても施設を開設している以上、頑張るしかない。認知症の進んだ老人に自己責任を負わせるのは不適当。施設の実情に同情して責任の軽減を図り理解を示す司法判断をすれば、益々、介護施設側の対応が杜撰になり、国、行政、施設ともに、我が国社会の抱える介護老人問題の解決に真剣に向き合おうとしなくなる。

正解B：老人の自己責任を認める方向で考える（介護施設の安全配慮義務の限界を承認する）。

この問題は、介護施設に厳しい判断をすれば解決する問題ではない。徘徊老人が事故に遭わないように配慮するにしても、限度があり、通常要求される程度の安全配慮（夜間の通常の定期的な見回り等）が履行されているのであれば（それなりの安全配慮義務が尽くされているのであれば）、事故の発生については予見・回避できない（予見可能性等がない）とし、施設の責任を問わない。老人を預ける親族側も、この事情は承知しており予想外とはいえず、了解すべきである。

そもそも、この問題は個々の施設の責任の問題というよりも、社会全体がこの問題の解決を考え、リスクを負担すべきであり、その問題提起のためにも、施設の不注意という小さな問題にして義務違反を問うのは、この問題の本質に合わない。

正解C：施設の責任の有無を一刀両断に結論を出すのではなく、具体的な事実関係に即して、義務違反の程度を見て、損害の分担を図る（両者痛み分け、しかし中途半端な解決）。

① これによれば、チェックすべき主な事実関係としては次のものが一応考えられる。

i 施設側の予見可能性の有無

老人が非常階段に夜中に用もなく侵入することについて施設側の予見が可能だったのか、その程度（当然予見すべきか、予見までは困難なのか）をよく見るべし。被害老人の徘徊の内容、認知症の程度がどのくらいか、これまで度々徘徊はあったのか等々。

ii 施設スタッフの夜間の見回り体制如何

スタッフ数等が法令等で要求されていた基準を充たしていたかの点は当然にチェック事項であるが、そのほか、何名がどの程度の頻度で見回りをしていたのか。徘徊が頻繁であれば、スタッフの目に付きやすい部屋に移す等の措置を執るべきであったが、その点、どうであったか。非常階段の扉は性質上鍵を掛けることはできないが、これを勝手に開けると大きな音がしてスタッフが気付くようにする等の工夫は採れないのか、扉は自動的には閉まらないようになっていたのかどうか（階段で転落した場合の音をスタッフに聞こえる状態になっていたか）等。

iii　入所の際の事情

入所時に、老人の認知症の程度がどの程度で、施設で対応できる範囲内か、今後認知症がひどくなった場合の施設として対応できる限度等（認知症の程度が進めば他の対応可能な別の施設への転所が必要となること等）についてどのような事前説明があったのか。

②　これらの諸事情により、生じた損害について施設と被害者側が分担するという判断をする処理があり得る（いわゆる「過失相殺」の考え方）。

この処理は、中途半端な面があり、老人介護問題という深刻な社会的課題に対する大きな問題提起とはならないが、損害を関係者間で分担するという事案限りの大人しい解決方法ではある。

もっとも、この処理は、交通事故の事案とは異なり、双方の負担割合は類型化しにくくなるため、過失相殺の割合は、事案ごとのバラバラな判断となり（A説に近いC説、B説に近いC説等）、負担割合・損害賠償額についての予測可能性が低くなる。

そして、老人側の過失割合をどう見るかは、結局、A説に親和性を感じるのか、B説が理解しやすいと感じるのかによることになり、とにかく単純に半分ずつというわけにはいかない。

4　各正解の問題点

ア　正解A及びBについて

あまり厳しい安全配慮義務を要求すること自体が現実的ではなく、他の問題を生じさせることもあるため、一定程度の安全配慮がされていれば、義務違反はないとする司法判断も一応考え得る（正解Bへ）。

しかし、老人を施設に預ける家族からすると、自分たちでは介護が十分できないので、専門の介護施設に介護を有料でお願いしたのに、介護施設が事故を防げなくともよいとする結論には到底納得ができないであろう（正解Aへ）。

イ　過失相殺の考え方

仮に、被害者老人の過失が五割あるとすれば、施設側が負う損害賠償額は半分ということになる。もっとも、老人の死亡事故の場合、治療費等のほか、本人の慰謝料は二〇〇〇万円程度、子供等の親族の慰謝料が二～三〇〇万円となり、合計すると数千万円に達することが多い。そうすると、損害額が半分になったとしても、施設としては、大きな賠償義務を負うことになり、問題状況はさほど変わりはない。他方、親族側も、認知症がある程度進んだ老人であるのに、介護施設内での事故の発生の責任を半分でも負わされることに納得がいくかが問題となる。

さらに、過失相殺といっても、その割合をどう決めるのか、基準をどうするかが問題となり、この種事件についての責任の有無についての基本的な考え方を固めないと答えは出ない。

ウ　最終的な判断は？

この問題は、介護施設の人件費等への国や自治体からの補助や、介護施設で事故が生じた場合の損害を補償する保険制度等の創設等の立法的な応援によらなければ根本的な解決は図れない。しかし、事故は、行政や立法の対応を待たずに起き、そして、いきなり司法に解決を求められ、司法による処理の限界であるとして済ますことはできない。

司法としては、社会全体を見すえた正義の実現を図るため積極的な判断を示すことも重要である一方、立法、行政に委ねるのにふさわしいテーマであれば、当該事案限りの円満で落ち着きの良い解決を優先するのも司法的正義であり、判断は容易ではない。

裁判官としては、最終的には、民法とリーガル・マインドしか武器がないのであって、テーマの特質等を考え抜き、複眼的な眼で様々な考慮要素を検討し、結論を出すことになる。

これは、裁判官の全人格的判断によるほかなく、誠に悩ましいが、同時に醍醐味のある決断でもあって、正にそれが楽しい場面でもあるのである。

（皆さんの見解は？）

◎ 事例2（刑事）

1　事案の概要と論点

ア　銀座の高級クラブ。暴力団関係者の利用は拒否している。会員制であるが、週末は、利用者が多いので、会員以外でも利用申込みを受け付けている。そこに、暴力団関係者が、自己又は同伴者が暴力団関係者であることを申告せずに氏名と住所だけを申告しクラブの利用を申し込む行為は、刑法二四六条二項の詐欺罪に当たるか（「人を欺いて財産上不法の利益を得た」といえるか）が争点となった事件（私は、銀座の高級クラブには行ったことがないので、これも架空の事例である。）。クラブは、入口カウンター脇に「暴力団関係者の利用はお断り」という注意書きを設置し、約款にもその旨の定めがあった。非会員は利用申込書を記入する扱いであったが、そこには暴力団関係者であるか否かを確認する欄はなく、実際上も、係が受付の際にこれを確認することもなかった。被告人は、淡々と申込書に氏名等を正しく記載して提出し、中に入りクラブを利用した。

イ　言葉ではなく、挙動による欺罔行為であるといえるか？

クラブを利用することは、財産上の利益である（異論がないであろう。）。問題は、「人を欺いて」利用を承諾させたかどうかであり、人を欺く行為（欺罔行為）とは、通常は、口頭等で嘘を述べてその旨を相手に信じさせる行為であるが、欺く行為の態様については、刑法では限定がない。この例では、カウンター脇の注意書きで暴力団員の利用お断りの表示がある中で、淡々と非会員として利用申込書を提出してクラブを利用しようとする動作（挙動）が欺く行為に当たるか否かが問題になり、その結論如何で詐欺罪での有罪、無罪かが分かれることとなる。

この点は、法的判断ではあるが、技術的、専門的な知識を駆使するのではなく、社会常識的に事実をどう評価するかの問題であり、皆さんも正解を考えて欲しい。

2　有罪説及び無罪説と、それぞれの論拠

ア　有罪説

クラブは、カウンターの注意書きで暴力団関係者の利用を断る姿勢を示しており、被告人もそれは認識していたのに、自ら暴力団関係者であることを申告せずに黙って申込書を提出しており、これは、社会通念上も挙動による欺罔行為があったと評価できる。

この説は、暴力団関係者を排除しようとする社会全体のコンセンサスが様々な場面でいわれており（例えば、金融機関では、一般に、暴力団関係者には預金口座の開設を認めていない等）、当該クラブもその姿勢を示していた。それなのに、被告人はそれを知っていながら黙って非会員利用申込書を提示しクラブ利用を希望したのであるから、自ら積極的に暴力団関係者ではないと述べるようなことがなかったとしても、そのような動作（挙動）によって暴力団関係者でない旨を示しているとみてよく、その旨の欺罔行為があったと評価すべきである。クラブ側としては、申込者が暴力団関係者でないことを口頭等で逐一確認することは、トラブルの基にもなり、そこまで期待することはできないのが現

実であろうから、被告人の不申告を欺罔行為と捉えても社会通念に反するとはいえないという考えである。

要するに、係の人が、「あなたは暴力団ですか?」と聞いたなら、皆怒るであろう。「あなたは暴力団ではないですよね?」と聞いても、感じが良くない。直接暴力団かどうかを確認するのははばかれるので、クラブ側が曖昧な態度を取るのも理解できる。

イ　無罪説

罪刑法定主義の原則（刑罰を科すためには、その犯罪を構成する行為と刑罰の内容が明確に法令に定められていることを要するとする近代刑法の大原則）からして、暴力団関係者ではない旨を積極的に表明して申込書を提出するという具体的な行動がない以上、欺罔行為があったとは評価すべきではないというもの。

この説は、クラブのなかには、暴力団関係者お断りの表示を出していても、実際には暴力団関係者の利用を黙認している例も複数あるという状況があるので、被告人は見逃される可能性も期待して、淡々と非会員としてクラブの利用申込書を提出しただけという可能性がある。そのような提出行為を、自己が暴力団関係者ではないという黙示の意思表示があったとまで評価するのは、欺罔行為の成立の範囲を不当に緩め、刑罰を予想以上に広く科すことになり、許されないというもの。すなわち、裁判所としては、犯罪の成否の場面であるから、罪刑法定主義の大原則を厳格に適用すべきであるという考え方であろう。

3　皆さんの考えは？（挙手してもらう！）

ア　本件においては、自ら暴力団関係者であるかどうかに触れずに申込書を提出することが、詐欺罪の「人を欺く」という欺罔行為に当たるとみるべきか否かは、刑法の条文の形式的な検討で答えが出せるものではない。社会的に暴力団関係者を排除しようという要請があり、クラブとしては、風体・言動等が異様な印象を与える暴力団関係者の利用が他の利用者に与える心理的な悪影響を考慮せざるを得ず、とはいっても、申込者に対し、直接的に、暴力団関係者であるか否かを確認する方法を執ることは現実にはできないという実態もあろう。その意味で、確認されなかったので淡々と申込書を提出しただけでは欺罔行為があったとはいえないという無罪説は、暴力団排除を意図しているクラブに大きな負担をかけることにもなり、暴力団排除の要請の度合いが強くなる社会的な傾向がある場合には、その潮流に棹をさすことになりかねないところでもある。

イ　他方、これは犯罪の成否が問題になる場面であり、何人に対しても罪刑法定主義の原則が貫かれるべきことも当然であって、有罪とするためにはクラブの毅然とした対応（直接の確認ではなくとも、申込書に暴力団関係者でないという確認欄にチェックしてもらう方法もある。）が必要であるともいえよう。

ウ　このように、挙動による欺罔行為の有無、すなわち詐欺罪の成立を認めるか否かの判断は、様々な見方があり、容易な判断ではない。有罪か無罪かは、いずれにしろ、クラブの立場やクラブの利用の実情、暴力団取締の必要性の程度、暴力団排除の要請の社会的盛り上がり等々の社会的諸事情を見、他方、刑法の罪刑法定主義の原則や犯罪構成要件該当性に関する厳格な姿勢の要請といった刑事裁判の本質と役割等を十分に吟味した上で、結局、裁判官としては、悩み抜いた末の全人格的な決断によるべきものであろう。（なお、私は、無罪説である。これは、私が、高級クラブに行ったことがないからやっかみでいうのではなく、やはり、刑罰を科すのは厳格に考えるべきであると思うからである。しかし、クラブ愛好者は、別な考えかもしれない。）

◎事例3　法律上の婚姻関係外で生まれたいわゆる嫡出でない子の相続差別の違憲判断

民法九〇〇条四号ただし書き前段の規定（当時）は、いわゆる嫡出でない子の法定相続分が嫡出子のそれの二分の一としていたが、この規定が法の下の平等を定める憲法一四条一項等に違反しないかどうかが争われた事件があった。

周知のように、最高裁判所大法廷は、平成二五年九月四日の決定において、これを憲法違反であるとの判断を示している。私もこの裁判の構成員に入っているため、決定内容の解説や決定に至った評議等の事情についてここで触れる立場にはない。ここでは、専ら、この決定を掲載する法律雑誌の判例時報二一九七号で登載された決定内容とその決定について登載された解説の記載をそのまま紹介するに止めたい。

1　違憲という判断の内容

かつて、最高裁平成七年七月五日の大法廷決定（多数意見）は、この規定について、嫡出子の立場の尊重とかつては相続分がゼロとされていたのを二分の一に改めて嫡出でない子の保護を図ったという立法理由を根拠に、これを憲法一四条一項に違反せず、合憲としていた。ところが、平成二五年大法廷決定（全員一致）は、その後の情勢の変化を挙げ、「家族という共同体の中における『個人の尊厳』がより明確に意識されてきたこと」を指摘した上、「父母が婚姻関係になかったという、子にとって自ら選択ないし修正する余地のない事柄を理由として子に不利益を及ぼすことは許されず、子を個人として尊重し、その権利を保障すべきであるという考え方が確立されてきており、嫡出でない子の法定相続分を嫡出子のそれと区別する合理的根拠は失われた」旨を述べている。そこでは、「個人の尊厳を重視すべし」という強いメッセージとなっている。

2　平成二五年大法廷決定が示した論拠等の多様さと判断の醍醐味

ア　この点については、決定文が説示するとおり、昭和二二年民法改正から現在に至るまでの間に、①嫡出でない子の数の増加があり、また、婚姻、家族の形態が著しく多様化しており、これに伴い、婚姻等のあり方に対する国民の意識の多様化が大きく進んでいる等の嫡出でない子を巡る社会の動向、国民の意識の変化等を指摘し、また、②諸外国では、一九六〇年代後半以降、子の権利の保護の観点から嫡出子と嫡出でない子との平等化が進み、相続差別を廃止する立法がされ、この差別が残されていたドイツ、フランスでも差別が撤廃されるに至り、差別を設けている国は欧米諸国にはない等の諸外国の立法のすう勢があり、そして、③我が国が批准した「市民的及び政治的権利に関する国際条約」等が児童の出生によるいかなる差別も禁止しており、国連の関連組織としての自由権規約委員会等がこれらの条約の履行状況について勧告等を行ってきており、さらに、④我が国において、住民基本台帳処理事務や戸籍の記載において、嫡出子と嫡出でない子の区別に関わる規定や処理を廃止するなどの法制等の変化があり、加えて、⑤嫡出でない子の国籍取得要件について嫡出子と異なる取扱いを定めた国籍法三条一項中の父母が子の出生後に婚姻することを求めるいわゆる「準正要件」を憲法一四条に違反するとして違憲と判断した平成二〇年最高裁大法廷判決における問題点の指摘等もあり、これらを総合的に考察した判断となっている。

イ　我が国社会の意見を二分するような大きなテーマについては、このように、違憲立法審査権の行使の際には、考察すべき事情が誠に多岐に亘るのであり、司法部の判断の際には、多くの関連事情を実証的に丁寧に考察・吟味する必要があり、更に、結論が今後の日本の社会にどのような影響が及ぶか（法律婚を軽視する風潮を招かないか、相続が起きた時点で突然嫡出でない子が現れ、相続人の今後の生活設計が狂うなどの影響が生じないか等々）をも検討しているはずである。

そうすると、裁判官にとって、正に、日本のみならず世界の動き全体を常に意識し、目配せし、評価する必要があることがうかがわれるが、六法全書と判例集と法律書のみでなく、常に普段から、様々な社会的事象に関心と注意を払い、時代と共に生き、考え、悩むことが求められており、それらを踏まえたリーガル・マインドにより判断がされていることの例である。この大法廷決定からも、このことが当然に読み取れるところであり、これこそ、正に、裁判官の仕事の醍醐味であろう。

そして、この事情は、最高裁判事ばかりでなく、地方裁判所の裁判官であっても全く変わりはない。

《裁判官・法曹に求められる資質・姿勢》

ここからは、少し身近な話題へと話を進めたい。

1　当事者の心の叫びを聞く良い耳が必要

裁判官は、具体的な事件と向き合っており、法廷での審理や記録の検討の際、当事者等の嘆き、怒り等の心の叫びを常に聞かされ、読まされている。そのため、寝ていても、事件の夢を見ることになる。裁判官としては、民事、刑事を問わず、紛争当事者、犯罪の加害者・被害者の悩みや人間の弱さを分かろうとする姿勢が大事であり、これは、当事者の気持に同調する、あるいは同感するのではないが、心から理解するということである。そうすれば、当事者が真に不満に思っている点や問題視している点も（たとえ、それが法律的には重要ではないとしても）理解でき、社会的紛争・事件の真相・背景が見えてくるのである。

2　複眼的な視点を持つこと（正義の月光仮面はだめ。トンボの目を持つべし）

裁判官が当該事案に深く入り込み考えることは重要であるが、これをミクロ的な視点ばかりで捉えていると、感情的で近視眼的な正義を追求する月光仮面のような判断（独りよがりの正義感）に陥るおそれもないではない。マスコミの社会部の記者は、事件の被害者からの取材をスタートさせ、彼らの嘆き、憤慨を取材し、そこに感情移入することで迫力ある記事が書けるという話を聞いたことがある（私のマスコミ研修での体験。もっともそこで終わってはいけないので、記者も更なる関係者等への取材も行うはずである。）（注）。しかし、被害者の嘆き、言い分と同時に被害者と対峙する側の異なる観点からの思いや理屈もあり、あるいは、第三者からみたより大きな枠組みでの事件のとらえ方もあって、事件を取り巻く社会全体の実情といったより広い視野から事件を見つめ直すことも必要である。

裁判官は、常に、そのような複眼的な視点・トンボの目を持って、事案を見つめ、正義にかなう結論を模索すべきであろう。

（注）この点については、私の著書『違憲審査――その焦点の定め方』（有斐閣：二〇一七年五月刊行）の「はしがき」を参照されたい。

3　公平中立な判断でも非難される宿命にあることの覚悟・精神的な強さが必要

多くの場合、真の意味で正義にかなう結論は、様々な考慮すべき事情の総合判断の結果であるから、学問的な体系や法理論のように一つの原則で貫ら抜き通すようなものとはならないことが多い。すなわち、原告、被告、被告人、検察官、社会の常識等のそれぞれの立場での見方や見解を一方的に採り入れることでは足りず、それぞれの立場と齟齬する面をも含む総合的判断であることが多い。そのため、ほとんどの場合、裁判が誰からも全面的に支持され誉められる、ということはなく、むしろ、非難されることが多い。公平中立で妥当な裁判というものは、その意味で、誉められるよりも常に非難されるべき宿命を帯びたものともいえる。裁判官は、この点を覚悟し耐える精神力を持たなければならず、それを避け、人から誉められることばかり狙ったり、マスコミ受けを狙ったりするような判断は、公平中立な判断とは無縁である。

マスコミが拍手喝采を送るような勇ましい判決というのは、冷静な目からみて、裁判官が悩み抜いた末の判決ではなく、思考を停止し俗耳に入りやすい表現の作文ではないかと思われるほど、レトリックが過激なだけの説得力のないものであることがある。この点からすると、責任感と裁判官としての矜持《きょうじ》すなわち、自分の立場に誇りを持ちつつ自らを律する強い意思を持つことが必要であると自戒している。

4　悩むことを信じること

裁判官の使命は、深く重いものであるから、その心を支える力となるのは、誉められることではなく、常に真剣に悩んで結論を出したこと、そのことこそが胸を張って進むことの力となり、やり甲斐となる、ということなのであろう。

中島みゆきに〈Maybe〉という曲があるが（アルバム「歌でしか言えない」等に収録）、そこでは、心の弱さを隠し、鏡に映った自分を美しいと信じることで女性の武器を磨き、生きて行こうとするけなげな女の心が歌われていると感じている。すなわち、自立した女にとって、「夢見れば Maybe 人生は……辛い思いが多くなるけれど……夢見ずに……いられない……思い出なんか何ひとつ私を助けちゃくれないわ……私をいつも守ってくれるのはパウダールームの自己暗示」というリスナーの心を深く突き刺すようなフレーズがある。

裁判官の方は、この凄みのある歌と比べるとしょぼい感じもするが、要するに、悩み抜くことも、強がる姿勢で弱みを見せずに女の武器を磨くことも、共に、心の支えとなるものは、何かを信じて前に進もうとする強い気持であるということではないのだろうか、と勝手に納得している。

5　まとめ——裁判は自らを写し出した映像

裁判官の仕事は、よく野球の審判に例えられる。しかし、ストライク・ボールの判断は、多少の裁量的な要素があるにしても、結局は、投球されたボールがストライクゾーンの枠の中を通ったのかどうかという客観的な判定である。他方、裁判における判断は、法曹としての全人格的な判断であり、その前提となる事実の認定だけでなく、考慮すべき要素は何か、どの要素を重視すべきか、その判断の結果の社会における波及効はどのようなものになるのか等を吟味した上で社会正義にかなった方向を見出す精神的作業である。そして、自己の考慮すべき諸要素の総体は、各人の知識、価値判断、人生観、正義感、視野の広さと狭さ、粘り強い探求心等が総合された結果の産物であり、いわば自らを写し出した映像といえよう。どのような映像作ることが出来るのかは、法曹各人が人生をどう生きるかと直結しており、緊張感を強いられると同時に、これ以上のやり甲斐のある仕事はない、と心から信じているのである。

《裁判官の日常生活》（補足）

1　裁判官は真面目？　頭に「クソ」が付く。

私は、三〇年以上前に、某新聞社で、我が国の裁判官として初めてマスコミ研修を経験した。その際、多くの記者からは、裁判官という人種が物珍しかったのであろうか、懇親会や打ち上げの飲み会の席等で、様々な質問をされたことがある。代表的な質問は次のとおり。

ア「赤提灯に行ったことがありますか?」（今では死語となった感があるが、当時、赤提灯とは、おしゃれなレストランではなく、ガード下や場末にある大衆飲み屋のこと。看板代わりに、赤い提灯が入口に掲げてある店が多い。）

当時、赤提灯ばかり行っていたので、記者の皆さんの裁判官に対するせっかくの有り難いイメージを壊すのではないかと、一瞬答えるのに躊躇したが、「皆さんと同じです」と答えておいた。内緒の話であるが、ある部署で一緒だった先輩裁判官（K判事。その後最高裁判事になった。）には、新橋のガード下でコップ酒を飲むのが好きな人がいて、真冬、店の前の歩道に木の荷物箱を机と椅子代わりにして寒さに震えながらコップ酒をすすりながら、一緒によく付き合ったものである。赤提灯どころか、ガード下の吹きさらしの飲み屋で、もつ煮込みをつまみに良く飲んだことを覚えている。

イ「賭け麻雀、競馬はしますか?」

麻雀も、負けた方がビール代を負担する程度であれば、賭博罪に当たらないという考え方もあるが、どこまで許されるのか、許されないのか、微妙な場合もあり、疑惑を招かないように賭け事は避けている。なお、余談であるが、世の中には、勝った上で掛け金の支払いを免除するという方針を事前に宣明して麻雀をする人もいるそうだが（これは賭博という要素を最初から排除しようとする考えである。）、そのためには、常に勝ち続けることが前提となる。しかし、正確にいえば、賭博の性質を避けるためには、絶対に負けないということが麻雀ルールに組み込まれていることが必要であるが、これはあり得ないことであろう。冗談でいうのなら良いが、自分は麻雀が圧倒的に強いので、そもそも掛けないで麻雀をしようと誘っただけであろう。

裁判官は、麻雀、囲碁、将棋がやけに強い人が多い。凝り性の人が多いということであろうか?なお、私は、小学校六年生のころからの競馬ファンであるが、予想がよく当たるので、馬券は買わないように自重（自慢）している。

全くの余談であるが、今年の皐月賞・ダービーの勝ち馬・デュラメンテ（父はご存じのキングカメハメハ、母はアドマイヤグルーブ、母の父がかのサンデーサイレンス)。ダービーの二四〇〇メートルは圧勝したが、長距離血統ではなく、菊花賞(芝三〇〇〇メートル)よりもフランスの凱旋門賞に挑戦すべきであろう(周知のとおり、翌年のドバイシーマクラシックに出場して怪我し、引退したが、それはその後の話である。)。

2　裁判官は堅苦しい人?(一般的なイメージ?)

妻が学生時代の友人との会合に参加すると、よく「御主人が裁判官なので、堅苦しいでしょ?」と聞かれ、笑いをこらえるのが大変だったという話を聞かされる。要するに、裁判官の日常生活は、一般の人と全く同じであり、テレビも読書も趣味も特有のものはない。日常生活で、法律論を振り回したり、理屈っぽい会話を好むということも全くない。もっとも、ごく例外的な事例であるが、読書は何時もハードカバーの法律書に限るとしている(?)先輩裁判官がいて、地下鉄半蔵門線の通勤電車内でその姿をよく見かけた。こわそうな風貌の刑事裁判官で、視野が狭くならないか、法律万能で融通が利かない判断をして疑問を持たないようなことになっていないか、宣告する刑が厳しすぎないか等、人ごとながら心配であった。しかし、この人は、付き合うと、酒飲みで、豪快であり、スポーツ万能で、とても優しい人情家で、判断もバランスが良く、人は見かけによらないの典型であって、この人が大好きになった。

裁判官は多趣味の人が多い。私は、野鳥の写真撮影(三〇年以上のキャリアがあり、玄人はだしと自負している。日本野鳥の会のカレンダーにも写真が複数回採用され、富士フィルム等のネイチャーフォトコンテストで入賞等）にのめり込み、音楽鑑賞・オーディオ（ハイレゾも当然にフォローしている。）、ガーデニング（自宅の庭で約三〇株のバラ栽培）、テニス、競馬、中島みゆき等が趣味で、「これ以上趣味を増やさないでほしい！」というのが妻の口癖である。

3　裁判官は世間知らずか？（頭デッカチはダメ？）

そんな悪口を良く聞く。これは、不本意な判決を受けた当事者の使う常套句でもある。裁判官は、社会の紛争、犯罪等を相手にしており、自ら体験はしないまでも、世の中のことをよく知っている。結論を出す過程で、法的に意味のある事実だけを取り出してリーガル・マインドを展開するので、素朴な世間的な感情をそのままでは採用できないという場面が出てくるだけである。それに、世間を良く知ろうとしない裁判官は、良い裁判官とはいえない。裏も表も、社会の上層、下層、老人、子供、加害者、被害者、犯罪者、社会的強者・弱者、騙す人・騙される人等も皆、裁判の世界の住人である。

もっとも、頭の中で、すなわち知識としては知っていても、良く理解し、同じ目線で考え悩むことができるかは別であり、頭デッカチにならないよう自戒しなければといつも考えている。

第三部

裁判官が覗いたフランスの世相

——その光と影

第三部では、我が国の裁判官や検察官等を会員とする一般財団法人「法曹会」の会報誌「法曹」（毎月一回刊行）の表紙の裏に、一九八二年三月から一九九五年四月まで一三年間、年四回の割合で私が執筆したコラムの中から二一編を選び出して登載している。私は、判事補任官の三年目に、最高裁から命ぜられて、フランス司法制度に関する在外研究のために一年間渡仏したことがあるが、この経験を踏まえて、フランスの司法制度にまつわる諸事情、その世相等を紹介させていただくことになったのである。執筆の開始は、判事補任官後ちょうど一〇年を過ぎたころであり、今から読むと勝手な決め付けをしたかなと思うものもあるが、若気の至りとしてお許しをいただければ幸いである。

この一連の随筆の多くは、フランスの伝統や国民性、歴史や政治的・社会的課題の実像を紹介するほか、私が、数百年に及ぶこの国の「食」への徹底したこだわりや文化や芸術等の分野における世界に冠たる文化遺産に接した際の驚愕と憧れを紹介する同時に、時代と共に少しずつ変容を迫られるフランス社会の世相に対する私なりの感慨を綴ったものとなっている。そこでは、フランスの歴史、文化、政治・司法制度の奥の深さやその輝かしい姿への賞賛の気持と、それが、今日の時代の流れのなかで、ジャパン・マネーによる攻勢や米国流の大量消費時代の簡易・便利なものを取り込み、押し流され、あるいは席巻されていく世相の光と影を垣間見ることができる。それは、ある意味で、世界中のどこでも、どの分野でも経験する時代により変わらざるを得ない面と、真に価値あるものを探し守り続ける精神性との相克の場面でもあり、避けられない社会の変容の姿でもあろう。そして、そこからは、我が国における歴史・伝統や精神文化等の変遷の姿がなんとなく重なって見える気もするのでである。

一裁判官としては、これらの流れが、進化なのか堕落なのか、的確に評価することはできず、そこから未来の社会のあるべき姿を見出すことは、当時も、そして今も答を見つけ出せないでおり、ここでは、時の流れに翻弄されるフランスの社会や、そして日本の社会でも起こり得るその世相の光と影とを、とりあえずはそのまま受け止めていくこととしたい。一九九三年四月号の随筆にあるとおり、「我々は、後ろ向きになりながら未来に突入していく。(Nous entrons dans l'avenir à reculons.)」のであって、安易に未来を予見したりせずに、過去を見つめながら社会の変わり様を、そっと、また、しっかりと見守っていくしかないのではなかろうか。

各コラムにおいては、フランス語による長めの記事をそのまま引用している個所があるが、これらはすべて、当時発行されたフランスの雑誌フィガロ(Figaro-Magazine)からの引用である。

なお、各コラムは、匿名を前提に執筆し登載されたものだが、本随筆集への転載については、一般財団法人法曹会の御配慮をいただいた。ここで、心からの謝意を表する次第である。

1 「今日の献立は牛の頭だが、君は食うかね？」
～良く食べ、良く飲む裁判官は、良い裁判が出来る⁉

（一九八二年九月登載）

◇「今日の献立は牛の頭だが、君は食うかね？」（Le menu pour aujourd'hui, C'est une tête de veau. Vous en mangez?）裁判長から尋ねられた私は、とっさに角のはえた牛の鼻面が目に浮かび、思わず首を横に振った。私にはローストビーフが運ばれたが、他の八名の裁判官の皿に何と仔牛の脳味噌（cervelle de veau）が盛られたのを見たとき、私は、裁判長が東洋からの客人に対し、いきなり脳味噌料理と言って驚かせまいとの配慮から、〝牛の頭〟という穏やかな表現を使ってくれたことに気付いたが、後の祭りであった。はっきり脳味噌といってくれれば、この美味なる料理を断わるはずはないのだが……。この日、私は、一日中大いなる満腹感と同時に、精神的な空腹感を味わうはめになってしまった。数年前、パリの商事裁判所（le Tribunal de Commerce）の裁判官と昼食を共にしたときの話である。

◇この裁判所は、アンシャン・レジーム（l'ancien régime）時代に起源を持ち、商事紛争を扱う特別裁判所で、選挙により選出された商人が、無給で裁判官を勤めるところである。法廷は、週一回水曜日の午前だけ開かれ、昼から商事裁判官八名は、シテ島の古風な裁判所内の専用レストランで会食をする習しになっていた。一二時半から始まるこの会食は、毎回、アペリティフで口火を切り、オードブル、アントレ、魚料理、肉料理、チーズ、デザートと続き、食後酒で仕上げるまで延々三時間続くが、功成り名を遂げた企業家達が、あきれる程の食欲で、喜々として食事をする姿は、ほほえましくもあった。彼らは、裁判官の仕事とは別に、皆固有の仕事を持ち、多忙を極めており、判決起案は、週末を割いて平均二、三件ずつ処理するため、水曜日の午後は、唯一息抜きの時なのかもしれない。彼らは、皆大食漢で、実に精力的に働き、夜遅くまで遊び、そして少ししか眠らない。

◇民事事件を扱うパリの大審裁判所（le Tribunal de Grande Instance）では、午後一時から開廷する部が多く、裁判官は、たっぷりと時間をかけて腹ごしらえをして登庁するため、法廷に臨む頃は、満ち足りてゆったりした感じで、昼食の赤ワインの名残りを鼻の頭に輝かせている者も多く、見ているこちらがヒヤヒヤするが、ふと見ると、弁論を戦わしている弁護士も同じ赤ら顔であって、それならばそれで良いのかもしれない。

◇「人間は、生きるために食べるのであって、食べるために生きるのではない。」（Il faut manger pour vivre et non pas vivre pour manger）とわざわざモリエール（Molière）にいわせるほど、フランス人は食べることに執着している。フランスの庶民のエンゲル係数は最近でも四七パーセントという数字が、これを示している。恋愛心理の描写にたけたフランス映画でも、恋人同士がむさぼるようにパンをほおばる食事の場面が必ず登場するし、プッチーニのオペラ"la Bohème"第二幕では、ルドルフとミミが友人と連れ立って、パリのカルチェラタンでクリスマスイブの晩餐を楽しむ華かな場面があり、このオペラの悲劇性に色を添えている。人間の生活の喜びと悲しみが、食べることと綾をなして表現されるのもこの故なのであろう。
◇良く食べ、良く飲む裁判官が、それ故に人生の機微を知り、紛争の当事者の心の中に切り込めるなら、これ程楽な話はないのだが……。味覚の秋を迎えて、食いしん坊（Gastronome?）の勝手な思いである。

2 「アンヴァリッドでのレクィエム」
～フォーレのミサ曲の静かな祈りにより激動の逝く年を慰謝しながら……

（一九八二年一二月登載）

◇クリスマス（Noël）の賑いも終わり、セーヌ川沿いのマロニエの並木も、すっかり葉を落として、鉛色の冬空に黒い小枝をなびかせる頃、セーヌ左岸のアンヴァリッド（Les Invalides）の中のサンルイズ教会（Eglise St-Louis-des-Invalides）で一つのコンサートが催された。ナポレオンの遺骸の安置されたドーム教会（Eglise du Dôme）を含んだアンヴァリッドは、ルイ一四世が傷病兵収容のために建立したもので、一九六メートルの広がりを持つ灰色の正面には、宙を睨んで配列された三〇〇年前の大砲とフランス庭園が整然と展開し、「パリ最大の記念碑的総合美の殿堂」の厳粛さと華麗さとを現わしている。

サンルイズ教会は、ナポレオンのアウステルリッツの戦いでの軍旗に飾られた荘厳なドームを持ち、一七世紀製の巨大なパイプオルガンを備え、一八三七年ベルリオーズのレクィエムの初演の場所でもある。

◇華美なイブニングドレスで賑うコンサートホールとは異なり、夜の冷気の突き刺さる頬をコートの襟に包みながら、聴衆は皆黙して、遙かなる大天井を上目づかいに見ながら席に着いた。

その夜の演奏曲目は、私の熱愛するフォーレ（Gabriel FAURÉ）のレクィエム（作品48）で、ドームにこだまする長い残響が、大きな音のかたまりとなって大波のように押し寄せ、私の体全体に突き刺さるような強烈な力を発揮した。

◇フォーレのレクィエムは、劇的な続誦「怒りの日」の部分が省かれ、「主よ、永遠の休息を彼らに与え給え（Requiem aeternam dona eis, Domine）」という合唱で開始されるが、ゆるやかなテンポを基調とし、そこに描かれる静かな祈りの高揚は、天国的な浄福と清澄な明るさに包まれており、（ボーイ）ソプラノで歌われる透明で、美しい旋律に満ち満ちている。死に対する畏怖というより、死の彼方の幸せを夢見るようなミサ曲である。

コンサートがはねた深夜、一人熱い心を抱いて、石畳の歩道に靴音を響かせながら、わざと遠道をしてアパルトマンに帰り着いた。

◇レクィエムは、死者の霊が最後の審判に当たって、天国に入れられることを願う目的で行われるローマ・カトリック教派等のミサであり、このミサの式文に曲をつけた礼拝音楽が多く、シュツ、カンプラ、モーツァルト、ブラームス、ヴェルディ、ベルリオーズ等の傑作が有名である。

フォーレは、一八四五年、師範学校の校長となった謹厳実直な父と貴族の称号を持つ人の娘を母として生まれ、九歳の頃から、パリのニーデルメイエール音楽学校（Ecole de Niedermayer）で宗教音楽の教育を受けた後、各地の教会のオルガニストとして活躍し、晩年には、耳の疾患に悩まされながら、パリ音楽院（Conservatoire national de musique）の院長の地位に登りつめたが、落ち着いた教養人としての彼の音楽は、フランス語の持つ韻律、抑揚を追求した特色ある和声美とあくまでも抑制された感性のリリシズムに貫かれており、フランス近代音楽の先駆者として位置づけられている。

彼のレクィエムは、ドラマチックな音の展開とは無縁で、宗教的な感動というより、その清楚な美しさのため、暖かさと優しさの感情を聴く者の心に与えるものである。

◇冬の夜、一人、人々の血の出るような慟哭が聞こえてくる訴訟事件の記録を読み終って、うっ積した感情を抱きながらこの音楽を聴くとき、人の一生の喜びや悲しみのドラマが一瞬のうちに目の前に展開し、それを超越した魂の安らぎを与えてくれるような気がする。

◇年の瀬を迎え、激動の一九八二年を振り返って、この一年に生起した様々な出来事と様々な感慨を、この曲により慰藉し、行く年を送ることにしよう。

3 「ギロチンは〝ダモクレの剣〟であったのか?」

~死刑制度の廃止がもたらすもの

(一九八三年三月登載)

◇セーヌ左岸の地下の穴倉にあるシャンソン小屋(Caveau des Oubliettes)で、中世の農民達の恋歌等をカルヴァドスのグラスを片手に興じた後、ほろ酔い気分でここの階上にある小さな博物館を訪れると、ひっそりと展示されている恐怖政治時代に使われたギロチン(guillotine)の無気味な姿にギクリとさせられる。仏大革命後、医者ギロタン(Guillotin)により発明されたこの断頭台は、二本の柱の間に据え付けられた白く輝く三角形の巨大な刃物が、綱を放つと、下にうつぶせになって身体を厚い木板で固定されている囚人の首筋目がけて一直線に落下する仕組で、酔狂に駆られて断頭台の下に寝そべると、このあまりにも即物的、絵画的な機具による死の恐怖が一瞬襲ってくる。

◇ところで、仏国民議会は、一九八一年九月、ミッテランの社会党政権から提案された「死刑廃止法案」を可決し、西欧で唯一死刑制度を存置していたフランスも、一九〇年間使用してきたこのギロチンを文字どおり過去の遺物としたのであった。

ミッテラン政権は、これと併せて、一九六三年に設立された刑事特別裁判所で、平和時における国家公安事件を専属管轄としていた国家公安法院(Cour de sûreté de l'Etat)も廃止してしまった。この裁判所は、設立当時から極左反政府運動の鎮圧の機能を果しているといわれ、予審担当判事(juge d'instruction）に広汎な捜査権が認められている等もあって、従来から左派陣営の反発が強かったものである。

◇このほか、この新政権誕生後は、六〇〇〇人もの囚人につき恩赦（amnistie）を行い、受刑者の待遇を改善し、公の秩序保護のための捜査権の強化を定めた「安全と人身の自由法」（la loi Sécurité et Liberté）を廃止する等、刑事司法制度全般について寛刑化の政策を次々と実行している。この政策推進の中心となっているのは、ミッテラン政権の中できっての人権擁護主義者といわれるロベール・バダンテール（Rober Badinter）法務大臣（le Garde des Sceaux）で、今後くり出される彼の新政策が注目されている。

◇一方、フランスの失業者は遂に二〇〇万人を超え、世界経済恐慌時を上回る史上最高の八〇〇〇人の浮浪者が街にあふれており、そのため犯罪件数も、一九八二年では、前年より一〇％以上増加し、特に侵入盗や自動車盗の急増が目立ち、凶悪な殺人事件も続発し、騒然たる社会状況となっている。

また、今年に入り、各地の刑務所で、所内での待遇改善を求める服役者の暴動が続発しており、一月二二日の土曜日にも、南仏マルセイユのボメット刑務所で二五〇人の受刑者が建物の屋上に集合して、「刑務所を人間の住みかにしろ」（Humanisez les prisons）と示威行動に走った。彼らは、部屋が少ないのに沢山の受刑者が詰め込まれる！　家族と面会しても一緒にくつろげる部屋がないのは人権侵害だ！　等の要求を掲げており、社会党系の「ル・マタン」紙では、バダンテール氏の人権政策により刑務所内での自由の享受に慣れた受刑者達の期待が増々ふくれ上ったのが原因と皮肉な分析をしている。

◇このような状況下で、バダンテール氏の人権政策には、保守陣営のみならず激しい反対論が巻きおこっている。かつて国連でのフランス代表を勤めたジャン・クロード・ソワィエ（Jean Claude Soyer）氏は、「失われた正義」（Justice en perdition）と題する本の中で、「テロリストが氾濫する最中に国家公安法院が廃止された。重大な犯罪を全く無視して、何の代替措置も講ぜずに死刑を廃止した。死刑は、〝ダモクレの剣〟で、殺人行為を抑止することができるものだ。犯罪者は、我勝ちに再犯をくり返し、そして恩赦で釈放される。この人権論者の目には、不正と不平等の社会のみが罰せられるべきだということなのだろう。」（En plein déchaînement terroriste, on supprime la Cour de sûreté de l'Etat. En plein bond en avant de la grande criminalité, on abolit, sans la remplacer, la peine de mort, cette épée de Damoclès qui peut paralyser le geste meurtrier. Les délinquants récidivent à qui mieux mieux, on les amnistie. Parce qu'aux yeux de ces humanistes, seule est coupable la société injuste et inégalitaire.）とバダンテール氏の寛刑政策を手厳しく批判している。

◇〝ダモクレの剣〟とは、紀元前四世紀、シチリア島の僭主（Denys l'Ancien）が、主君の幸福をほめそやす臣下のダモクレを宴会に招き、その頭上に重い剣を馬の尾の毛一本でつるして、絶えまない危険により脅かされている幸福のはかなさを示した故事から、常に身に迫る危険を表わす言葉であるが、さて、ギロチンが〝ダモクレの剣〟であったのか否か、論争は当分続きそうである。

4「怒れる警察官、街頭へ繰り出す。」

～警察官のデモで車の通行が大混乱となっても非難されないのは、何故？

（一九八三年九月登載）

◇「いずれにせよ、我々は秩序を守るのが天職だ。それは、あまり変化を好まないということになる。……保守派なんだ。」（Quoi qu'il en soit, nous avons la vocation de l'Ordre, ce qui fait que nous n'aimons pas beaucoup les changements … nous sommes des conservateurs.）数年前に上映された「戒厳令」（ETAT DE SIEGE）の中で、イブ・モンタンが扮する秘密警察の指導者が警察官について語った言葉である。

ところが、パリで、警察官が政府の刑事司法政策の変更を求めて大挙デモをするという事態が発生した。六月三日、暴漢に襲われて死亡した二人の警察官の葬儀がパリのバンドーム広場（Place de Vendôme）で行われたが、国家警察（Police national）所属の警察官の半数を集めたといわれるこの葬儀の行列が、自然発生的に、政府に治安対策の強化を求め、内務大臣や法務大臣の司法政策を非難するデモへと発展し、パリの街頭を埋め尽くした。デモ隊は、「ドフェール内相は駄目だ。警察は街頭デモ中だ。」（Defferre c'est foutu, la police est dans la rue.）と叫んで気勢をあげたため、新聞や雑誌は、いっせいに〝怒れる警察官街頭へくり出す〟（Policiers en colère dans la rue.）という見出しで、この異常事態を報道した。

◇ミッテラン政権は、バダンテール法務大臣を中心として、死刑制度や「安全と人身の自由法」(la loi Sécurité et Liberté)の廃止等刑事司法全般にわたる寛刑政策を採ったが、これが、二〇〇万人を超える失業者の急増というひっぱくした経済状況と相俟って、犯罪の増加を招いたともいわれている。このような社会状況の下、同僚の殉職を契機に現場の警察官の怒りが爆発したものらしい。

◇フランスの国家警察とパリ警視庁(Préfecture de Police)では、警察官は、制服組と私服組とに分かれている。交通整理に当たる警察官は、いつもブルー・マリンの制服と円筒形の帽子を着用し、皆立派な顔立ちで、たいていは口髭をたくわえ、そのイキなスタイルは、一つのパリの観光名物でもある。一二本の大通りが放射線状に伸びるエトワール広場(Place de l'Etoile)やオペラ座(Théâtre de l'Opéra)周辺は、ヨーロッパでも最も車の運転の難しい所といわれ、ここの円周道路に進入してそこから無事抜け出すのに数時間かかる人もいるといわれるほどだが、ここでの巡査の交通整理の手さばきの見事さは、さすがである。

この日、彼らは、制服を脱ぎ、シックな背広姿で整然と行進したが、日ごろ自分達が交通整理をする街頭を埋め尽くして交通の妨害となったり、高速パトロールやデモの規制を担当する部局のCRSの人達もデモに参加して規制を受けたり等皮肉な事態となってしまった。

◇フランスでは、歩行者は一般に交通信号を守らず、車が来なければ赤信号でも道路を横断してしまうといわれている。車が来ないのに無為に信号待ちをするのは意味がないということらしい。それは、パリの街では、道路には必ず私道が広くとってあり、道路それ自体が、車の通行のためだけではなく、そこを通り、あるいはベンチを出して一服する人達の生活の場の一部なのであって、車に歩行者より優先権を与える理由はないという心情が根底にあるのだろうか。

歩行者が犠牲にされ車優先の感がある狭い日本の道路を警察官がデモで埋め尽くすとなると、たちまち交通の大混乱となり、一大事であろうが、パリの警察官達は、本来生活の場の一部であるべき道路に繰り出したのであって、その結果車の通行が阻害されても、交通秩序を大混乱させたという考えは採らないのかもしれない。

法や秩序は、国民の規範意識により支えられるものだが、その規範意識も社会的、歴史的産物であって、国によって大きく異なるものである。今回のこの出来事、日本の法律家が法的に的確な評価を下すことは、なかなか難しそうである。

5 「あたし、すごく変わったでしょう……」

～F・トリュフォーの人生への優しい眼差し、ファニー・アルダンの美貌！

フランス映画の栄光は今？

（一九八四年一二月登載）

◇「あたし、すごく変わったでしょう……（Tu as dû me trouver terriblement changée…）」「いいや、

昔のままだよ。（Au contraire tu es bien la même gû avant.）」「意地悪でそう言うのね。何も知っていてあなたの家の前に引っ越して来たわけではないのよ。でも、偶然でこうなったんだから、あたしはこの偶然を喜んでいるわ……（Tu as dit cela méchamment. Je n'ai pas fait exprès de venir habiter en face de chez toi, mais maintenant que le hasard a décidé pour nous, je suis bien contente de ce hasard…）」フランソワ・トリュフォー（François Truffaut）監督製作の映画「隣の女（LA FEMME D'À CÔTÉ）」では、昔愛し合った男と女が思い掛けず再会した時に交わされたこんな月並みの会話から、二人の愛の惨劇の幕が切って落とされる。ファニー・アルダン（Fanny Ardant）扮する素直であっけらかんとした単純さと炎のような激しい情熱とを持った美しい女が、田舎で妻子と平凡な生活を営んでいた昔の恋人、見掛けは粗野で単純そうだが実は傷つきやすい心を持った男の家の隣に引っ越して来た時から、苦々しく二人の心の中に深く沈殿していた忘れ去るべき情熱が再び燃え広がっていくのだが、トリュフォー監督は、この愛の情念の激しさを、彼特有の繊細で軽やかなタッチで、表現している。

◇彼は、この映画に続いて、昨年「VIVEMENT DIMANCHE」というコメディータッチの白黒映画を撮ったが、今年の一〇月二一日、癌性脳腫瘍により五二歳の若さで急逝した。彼は、一九五九年、自らの体験に基づいて感化院上りの少年を描いた映画「大人は判ってくれない」で一躍脚光を浴び、これまでのフランス映画の伝統の殻を破る手法を用いて、ゴダール（J.L. Godard）やアラン・レネ（A. Resnais）らと共にフランスのヌーベルバーグ（Nouvelle vague）の旗手と呼ばれてきたが、「突然炎のごとく」、「夜霧の恋人たち」、「恋のエチュード」、「終電車」等の彼の作品は、いずれも、奇をてらわず、繊細な人物描写を行い、人生に対する優しさにあふれている。
◇一九八二年の統計によると、フランスにおける映画人口は二億人を超えており、年間約二〇〇本の映画が製作され、そのうち百万人以上の観客を動員したものが二二本もあるなど、映画鑑賞は、今日でも依然としてフランス人の娯楽の王様である。パリ市内だけでも三〇〇を超える映画館は、全館定員制で立見はできず、幕が上がる前に必ず支配人の前口上が行われるところも残っている。
一九四六年、国家単位で映画産業を保護育成することを目的に、政府の付属機関として特殊法人CNC（Centre National de la Cinématographie）が作られ、シナリオをCNCに提出して審査を通ると、映画製作のための貸付金が支給されるという映画助成の制度も完備している。一方、一九七四年、ジスカール・デスタン大統領時代に、「人間の尊厳を損なわぬ限り」映画検閲の撤廃が行われ、いわゆるポルノも解禁となって、ポルノ映画第一号の「エマニュエル夫人（Emmanuelle）」が大ヒットし、翌年には、ハードコアのポルノがフランス映画界を席捲するという状況も生まれてきている。
◇これまで、フランスにおいて、映画は、作者の意図を一般大衆に伝える最も質の高いメディアの一つであり、その芸術的な薫りは、我々を魅了してきたものであるが、このような映像の自由化やテレビ等の新しいメディアの発展（フランスにおいてテレビ番組が娯楽性を重視し出したのはつい最近である。）といった荒波が打ち寄せる状況にあって、トリュフォーは、その死によって、自らの手で、彼が支えてきた映画が輝く存在であった時代を早々とその棺の中に葬り去ってしまったのかもしれない。
◇我が国においても、多方面にわたり情報伝達のためのメディアが発展し続けており、各種の映像が社会生活の中で氾濫しているが、新しい年を迎えるに当たって、メディアの一つ一つを大切にして、その質を高め、成熟した社会と文化の構築を図る心構えを持ちたいものである。

6 「一瞬にして砕かれた老夫婦の人生……」

～人に幸せをもたらすダイヤモンドの青白い輝きが悪魔の光となるのを防ぐための法曹の役割は？

（一九八五年三月登載）

◇昨年の一二月一三日、パリの重罪法院（La Cour d'Assises）は騒然たる雰囲気に包まれていた。法廷内にしつらえられたテレビの画面には、宝石店を営む老夫婦がギャングに襲われ、その凶弾に倒れていくむごたらしい光景が映し出されていた。夫はガラスの陳列ケースに寄りかかるようにして倒れ、妻はあお向けになって血塗られた胸を押さえたまま息絶えていた。店内に据付けられていたビデオカメラが捉えた四〇秒間の衝撃的な映像は、予審判事の表現を借りれば、〝一瞬にして砕かれた老夫婦の人生（La vie du couple âgé qui est brisée en un instant）〟の悲惨さを、圧倒的な迫力をもって陪審員（参審員）に印象付けることとなった。犯人である二三歳の麻薬常用者は、わずか一グラムのヘロインを買う金欲しさに凶行に及んだわけだが、重罪法院の評定によって、初犯でありながら二〇年の懲役刑（réclusion criminelle）に処せられることとなった。

◇〝宝石商は、フランスで最も危険な職業である。この五年間に五三人が殺され、襲撃を受けた店は一〇〇〇店を超えており、少なくとも三店に一店はギャングの被害に遭っていることになる。（Bijoutier : le métier le plus dangereux de France. Cinquante-trois morts en cinq ans. Plus de mille attaques à main armée. Une bijouterie sur trois a été attaquée au moins une fois.）〟最近発行された現地の雑誌は、大見出しで、ややヒステリックに宝石店荒しの現況を伝えている。

昨年末、パリでは、一八五六の企業や商店が警察署との間で二四時間体制の安全警報ラインを結んでいる。警察署内の安全警報センターでは、老警察官が常時監視体制を執り、警報機が鳴れば、その場所を確認し、その後数分間で警察官の出動が行われるというものであり、前述の宝石店の襲撃事件を契機に企画されたものである。けれども、この安全警報ラインの加入は無料ではない。一九八〇年六月一四日の法（décret）によれば、警視総監（préfet de police）に対して加入申請を行い、それが受理されると、加入者は、警報機の端末機の設置に七〇〇フラン、年間使用料二〇〇フランを支払うほか、最初の警察官の出動に二〇〇フラン（それが誤った警報によるものであっても同じ）、二回目以降は毎回二〇〇フラン増しの料金を支払う必要がある。〝警察と結びついた高くつく危険（à hauts risques reliées à la police）〟と皮肉られるゆえんである。

◇二五〇万人を超える失業者を抱えるフランスは、今、国民全体のフラストレーションが高じており、様々な社会問題が発生している。高い教育を受け、身なりもきちんとしていながら職を失ったため一枚の切手すら買う金がなく、観光客に丁寧な言葉使いで金の無心をする〝新しい貧困者（Les nouveaux pauvres）〟と呼ばれる人達が出現しており、また、昨年一〇月、パリのモンマルトルでは、九人の老女連続強盗殺人事件が発生し、そのほか、人種偏見によるトルコ人移民労働者殺し、労働争議中の労働者殺し、四歳の幼児の誘拐殺人事件等の凶悪事件が続発している。そして、このように、全国で二日に一件といわれる宝石店へのギャング襲撃事件の発生は、フランス社会の苦悩の表象ともなっている。

◇フランスでは、宝石の王ダイヤモンド（diamant）は知性と信仰心の象徴であり、和解の石（pierre de réconciliation）と呼ばれている。また、昔から、ダイヤを持っている人は悪霊にとりつかれることがなく、病から身を守ることができ、ダイヤの指輪は、その人を敵や幻覚から救うといわれてきた。クレオパトラが恋人の目の前で酢に溶かして飲み干したと伝えられる巨大な真珠のイヤリングが、官能と幻惑を想起させるのと対照的に、青白く透明に輝くダイヤは、その清純さにより人に幸せをもたらすものであったはずなのだが、今や、そのまばゆい輝きは、犯罪の加害者、被害者双方にとって、大きな不幸への送り火となってしまった観がある。

おそらく、平和と秩序の確立がなければ、宝石の輝きも、人を不幸へ追い込む悪魔の石となるのかもしれない。我々法曹も、平穏な秩序ある社会の中で、宝石本来の輝きを守り抜く努力を続けていきたいものである。

7 「ワインのない食事、それは、愛する母のいない母の日のようなもの」
～安ワインに不凍液を入れ高級ワインへと変貌させるのは、現代版「ボルジア家の毒殺事件」なのか？

（一九八五年九月登載）

◇マキアベリが「君主論」の中で理想的専制君主と評したチェザーレ・ボルジア（Cesare Borgia）は、中世イタリア史上有名な「ボルジア家の毒殺事件」の張本人と目されている人物である。彼は、一五〇三年、父ローマ教皇アレクサンドル六世と共に、政敵である数名の枢機官を宴席に招き、山海の珍味を御馳走したあげく、トスカーナ地方産のワインの古酒に遅効性の毒薬を仕込んで飲ませて彼らを殺害したと伝えられている。その際、召使が誤って毒入りワインを主人の方へも注いだことから、父教皇が死亡したが、チェザーレは運良く一命をとりとめたのであった。この毒殺事件は、目的のために手段を選ばないルネッサンス・イタリアの一専制政治家の人間像を、あまりにも鮮やかに浮彫りにした出来事であった。

◇この夏、オーストリアと西ドイツを震源地として世界中にパニックを広げた毒入りワイン事件は、悪徳ワイン業者が、安ワインに有毒な不凍液ジエチレン・グリコールを混入させて、甘口最高級ワイン、トロッケンベーレンアウスレーゼ（Trockenbeerenauslese）にも比すべき高級白ワインに仕立て上げ、暴利をむさぼったというものであり、目的のために手段を選ばぬその所業は、現代版「ボルジア家の毒殺事件」といえそうである。

◇フランスワインは、法律により厳しい礼儀作法を教えられている。「ラベル」のフランス語は、「礼儀作法」を意味する「エチケット（étiquette）」であり、そこには、法律により、ぶどうの生産地域、製造された村、場所、製造年月日、びん詰めした業者、品質の等級など、自分が由緒正しい生れであることを示す履歴を記載することが義務付けられている。

フランスのワインの品質は、その原産地名の統制を図る規制法の制定により守られている。一九〇八年に制定されその後数次の改正を経て一九三五年七月現行法となった原産地呼称統制法（Appellation d'origine contrôlée）は、ワイン製造の監視を行う「原産地呼称全国協会（Institut National des appellations d'origine）を設立したほか、一〇八の政令を公布させて、ワイン造りに対する広範囲な規制を行っている。この協会は、全国のワインを四つの等級に分け、その筆頭ランクのAOCワイン（Vin Appellation d'origine Contrôlée）については、ぶどうの栽培地区や品種の限定、収穫量の制限のほか、ぶどうの栽培方法、ぶどうの果糖度、醸造方法、貯蔵年月日及びワイン中のアルコール度等に関する規制を行っており、また、ワインの不純物除去のための投薬の規制や補糖により果汁を矯正するいわゆるシャプタリザシオン（chaptalisation）の制限も法定されている。このほか、現在世界各国が加盟しているワインの呼称制限のためのマドリッド協定も、一九三四年に条約化されている。◇フランスのワイン業者は、今日まで数多くの歴史的なワイン法闘争を展開して来ている。シャンパン（champagne）の名称擁護のため、約四〇年間にわたる大規模な立法化運動を継続し、一九四一年四月、シャンパーニュ原産ぶどう栽培地区限定法（Délimitation de champagne viticole）の制定を実現したことや、また、「スパニッシュシャンパン」の名称使用禁止を求める訴訟をイギリスで提起し、一九六〇年一二月、控訴審で逆転勝訴判決を勝ち取ったことなどがその例である。

フランス西部ガロンヌ河に面したソーテルヌ（Sauternes）地域で造られる最高級白ワイン、シャトー・ディーケム（Château d'Y quem）のとろけるような甘さと黄金色の輝きも、このような厚い法の壁の内で育まれたものであって、どうも、ここには、毒薬の入り込むスキはなさそうである。◇あるフランスの雑誌のワインの広告に、「ワインのない食事、それは、愛する母のいない母の日のようなもの（Un repas sans vin, c'est comme une fête des méres sans je t'aime.）」という言葉が添えられていた。愛するもののいない生活は、心満たされぬ寂しい気持を人に抱かせるものであるが、愛するぶどう色の酒による陶酔が法による庇護の賜物であるというのであるから、法の遵守を使命とする法律家であることの誇りと幸せとをかみしめながら、バッカスの神に祝杯をあげずにはいられない。

8　「シダ（エイズ）の恐怖は、先週、俳優のロック・ハドソンの死によって更に増幅された。」

～現代におけるペストともいうべきエイズによる人類の試練は、未来を開く鍵になるのか？

（一九八五年一一月登載）

◇ボッカチョの傑作「デカメロン」（Decameron）の中に、哀れな判事を主人公とする物語がある。ピサの町に、体力は無いが才知の優れた判事がいて、若くて美しい娘を妻にめとったことからその物語は始まっている。妻が海賊にさらわれたので、判事は取り返しに赴くが、妻の方は、法律にばかり没頭し、「聖者の祭日」と称していつも妻から逃げ回っていた夫を嫌って、夫の下へ帰ろうとせず、この判事は絶望のあまり狂気に陥るという、たわいのない筋立てである。

◇デカメロンは、一三八四年、当時フィレンツェの街にペスト（peste）が大流行したため郊外の別荘に避難した一〇人の紳士と淑女が、退屈しのぎに毎日一人一話ずつ一〇日にわたって物語った百の話から成り立っているが、当時の封建的特権階級の日常生活を赤裸々に記述し、彼らを痛烈に諷刺したものである。西欧近代の幕開けの時代に、裁判官も、封建的特権階級として諷刺の対象にされたわけである。

◇ところで、中世末期である一四世紀のペスト（黒死病）の流行は、一三四〇年代のヨーロッパを席巻したものであるが、ヨーロッパ全人口の約四分の一である二五〇〇万人を死に至らしめたといわれている。ペストによる死は、神の鞭のごとく、容赦なく、しかも徹底して全人類を襲ったものであって、そのため、現世の無常と神の罰の恐ろしさを表すため、屍体や骸骨と手をつないで踊る国王や枢機卿の派手な姿を描いた「死の舞踏」(danse macabre) という絵画や宗教劇が、当時多数登場したほどである。

◇「シダの恐怖は、先週、俳優ロック・ハドソンの死によって更に増幅された。しかし、冷静になろう。シダは現代のペストであると言い切る人もいるが、世界中の人がシダに罹るということはなかろう。なぜなら、ペストは、かつて、無差別に至る所で猛威をふるったが、シダについてはこれと同じではない。偶然にシダに罹患することはないのだ。」(La peur du sida s'est encore aggravée cette dernière semaine avec la mort de l'acteur Rock Hudson. Restons calmes. Bien que certaines n'hésitent pas à parler de peste des temps modernes, tout le monde n'aura pas le sida. Car si la peste frappait jadis au hasard sans aucune distinction, il n'en est pas de même pour le sida. On n'a pas le sida par hasard.) フランスのある雑誌中のシダ (Syndrome immunodéficitaire acquis) 即ちエイズについての特集記事中の一節である。

シダは、一九七八年以降、主としてアメリカで流行を始めた新しい病気で、これに罹患すると、後天的に獲得した免疫が破壊され、風邪等の軽い病気でも命取りになり、死亡率は四〇%を超えるというものであって、患者は、アメリカで約一五〇〇〇人、フランスでも四六五人を数えており、今や全世界に蔓延している。一九八三年、フランスのパスツール研究所のリュック・モンタニエ教授のチームが、世界に先駆けてシダのウィルスを発見し、LAVと命名したが、我が国では「エイズ」の名で知られており、我が国でも一一名の患者が確認されている。一般に、シダは、同性愛者の性行為、麻薬の静脈注射、輸血及び胎児感染以外には伝染することはないといわれているが、その高い致死率により、シダこそは、現代におけるペストであり、神の怒りの鞭であるという声さえも聞こえてくる。
◇今年は、ルイ・パスツール（Louis Pasteur）が人間に対して初めて伝染病（狂犬病）のワクチンの接種を行ってから百年目に当たっている。くしくも百年後にパスツール研究所が発見したこの忌まわしいウィルスによるパニックは、現代社会に対するある種の天の警世なのかもしれない。中世のペスト（黒死病）による混乱は、中世封建社会の崩壊の要素となり、結果的には近代の扉を叩くことになったが、新しい年を迎えるに当たって、シダによる人類の試練が、輝かしい未来を開く鍵をもたらすことを祈らずにはいられない。
かつて、ボッカチョによって封建的特権階級の一員と見られていた我々法曹も、既存の秩序に安住せず、現代の社会が抱える様々な課題にも目を向け、それらを克服するための不断の努力を続けていきたいものである。

9 「私には人生はつらすぎる。」
～美貌のシャンソン歌手ダリダにとっての神の恩寵とは？

（一九八七年六月登載）

◇「私には人生はつらすぎる。」（La vie pour moi est insupportable.）ダリダ（Dalida）は、五月三日夜、パリのモンマルトルの自宅で、こんな遺書を残して自らの命を絶った。ハスキーな歌声で一九五〇年から六〇年代にかけて数々の大ヒットを出したこの美貌のシャンソン歌手は、自らの手で幕を引いた彼女の波瀾の人生によって、栄光や名声の陰には常に孤独と虚無とが付きまとうことを我々に教えてくれた。

◇ダリダは、五四年、ミス・エジプトに選ばれた後パリに渡り、五六年には、早くもオリンピア劇場でのリサイタルで大成功を収めた。以後、「バンビーノ」、「コメプリマ」等次々と大ヒットを飛ばし、生涯で八百曲以上の歌を吹き込み、そのレコード売上げは二千万枚にも達しており、正にシャンソン界の花形として、常に栄光の中にあった。しかし、私生活では不幸の連続で、六七年には、同棲中の若いイタリア人歌手テレンコが、サンレモ音楽祭でダリダとデュエットしたが選に漏れ、これに失望して、当夜ホテルでピストル自殺をし、三年後には、それまで精神的な支えになってきたかつての夫モーリスが自殺し、その後も、七年間結婚生活を共に営んだシャムフレイ伯爵も、彼女と離婚した三年後に謎の自殺を遂げている。そして彼女自身も、テレンコの自殺から一か月後、恋人の死を悲しんで睡眠薬自殺を図るが未遂に終っている。「彼女は、すべてを得ようと欲した。愛も友情も成功も。けれども、死は、彼女が自ら望んだものではないが、彼女が愛したこれらすべてと同じように、生涯彼女に付きまとうことをやめなかった。」（Elle voulait tout garder, l'amour, l'amitié, le succès. Mais la mort, celle des autres, celle de tout ceux qu'elle avait aimés, au long de sa carrière, n'a pas cessé de l'escorter.）ある雑誌に載った美しい歌姫の死をいたむ追悼の言葉である。

◇「愛を語っておくれ。お願いだ私の話を聴いておくれ。」（Une parole! Ecoute moi! Je t'en prie!）ダリダがアランドロンの語りをバックに歌って大ヒットした「甘いささやき」（Paroles, Paroles）では、恋人達の情緒的なむつごとではなく、恋人にもう一度明確な愛の言葉を求める男の情愛が語られている。

ところで、自我の確立と徹底した個人主義の支配するこの国では、自己の意思や感情を他人に伝えるためには、正確な言葉や文字によらなければならない。「Parole」は、言葉、誓言の意味であり、愛の証は、明確な言葉等に表われるはずなのである。夫婦や友人の間でも、言葉の交換や文書のやり取りがせわしないほどに行われ、以心伝心とはいかないこの国の冷めた人間関係において、言葉や文字が失われることは、他人との関係・恋人との愛が途絶えることを意味する。フランスの民事訴訟には証拠制限の制度があり、ラテン法に起源を持つ仏民法一三四一条は、五〇フラン以上の契約については、すべて公正証書か私署証書の作成が義務付けられ、これ以外は証明力を有しないとされているが、これも、他人と何らかの関係を結ぶには、明確な意思伝達手段を常にとっているし、とるべきであるとされているこの社会の実態に基礎を置くものであろう。

◇三人の恋人の自殺に続くダリダの自殺は、フランス国民に大きな衝撃を与えたようである。フランスにおいては、かつては、自殺は、生命をあやめる行為として凶悪な犯罪とみなされ、太陽王ルイ一四世は、一六七〇年に、自殺者の死体冒瀆という中世以来行われてきた風習（例えば、死体は、手足を縛って逆さ吊りにして街中にさらした後火あぶりにして公共の塵捨て場へ投げ込み、また、その全財産を没収する等）を正式に法典に組み入れた。このような冒瀆がやんだのは、フランス革命後の一七九一年の新刑法によってであるが、これは、服毒自殺が増えるに比例し、自殺の手段がかつてのように乱暴でむごたらしいものでなくなったため、昔からの迷信じみた恐怖心が失われたためであろうといわれている。

◇ダリダのたった一人の死は、栄光と絶望の交錯する人生の一時の忘却を求めたかのように、安らかなものであったという。「死は、時には懲罰であり、また、多くは宿命であるが、ある人にとっては神の恩寵である。」（La mort est quelquefois un châtiment; souvent un don; pour plus d'un c'est une grâce.）彼女のはずんだ歌声の中に、古代ローマ時代の哲人セネカ（Sénèque）のこんな言葉が聞こえてくるようである。

10　「ホールでは、……すべてが夢のような幸福感に浸ることができた。」

〜ストラヴィンスキーの衝撃を体験した巨大なシャンデリアは、落札を告げる象牙の槌音をどう聴いたのだろうか？

（一九八七年一二月登載）

◇舞台のバレエダンサー達は、劇場の床を踏み鳴らす聴衆の靴音とブーイングの大反響の中で立ち往生し、一方、指揮者ピエール・モントーは、この騒動を鰐のように無視したまま、管弦楽を続けた。一九一三年五月二九日の夜、パリ凱旋門近くのモンテーニュ通りにあるシャンゼリゼ劇場（le Théâtre des Champs-Elysées）で行われたストラヴィンスキーのバレエ音楽「春の祭典」の初演の際のこの大混乱は、「ストラヴィンスキーの衝撃!!」として、現代音楽の幕開けを告げる象徴的な出来事となった。曲の冒頭から、低音楽器のファゴットが鋭く激しい高音を響かせるという、狂暴なほどに荒々しい活力に満ちたこの音楽は、洗練された洒脱さを尊ぶパリの聴衆にとって、音楽への冒瀆と映ったのかもしれない。

◇それから七四年後の本年一一月二〇日、同じ劇場で、史上空前の名画競売会が開催された。出品されたのは、モジリアニの「黒いネクタイの女」を初めとする名品四三点で、その評価額は、二億五千万フランにも及ぶという。「ホールでは、オークションの前日展示会が行われ、すべてが夢のような幸福感に浸ることができた。それには、世界の美術市場においてパリが再び指導的地位を確保したという喜びも含まれていた。」（A la salle, dans l'euphorie des dernier jours avant la vente, tous les rêves sont permis. Y compris celui de voir Paris reprendre une place de leader sur la marché mondial de l'art.）これは、ある雑誌の紹介記事の一節である。そして、このオークションでも、ジャパン・マネーは威力を発揮し、出展品の三分の一を手当り次第に買い付け、周囲のフランス人から渋い顔をされたという。

◇この秋、我が国のマスコミは、昨年一一月の三菱銀行三億三千万円強奪事件、八四年のフランスのオクソワ市立美術館でのコローの名画盗難事件及び八五年のパリ・マルモッタン美術館でのモネの名画強奪事件の容疑者が、フランス最大のギャング組織「パリ南郊ギャング団」の一員であったことから、金余り日本が遂に仏マフィアの標的にされたと報道した。売りさばきが困難といわれる盗難にあったコローの名画五点が、我が国で簡単に取引され、また、絵画史上印象派の誕生のきっかけとなったモネの名画が日本での売却を予定して強奪された等の驚くべき事実は、古いフランスの諺にある「機会が盗賊をつくる」（l'occasion fait le larron.）を地でいくものである。

◇今回の事件は、映画「フレンチコネクション」で有名な南仏マルセイユの仏マフィア組織の暗躍がパリと東京を舞台に展開されたとの見方があって、フランスの文化財と一緒に犯罪までもが日本に流入した感が強い。そうすると、盗難名画を安易に買わないようにすること、即ち、相手国の文化を正しく理解し評価する力を養うことこそが、文化的、経済的摩擦の解消のみならず、犯罪の流入防止のためにも、最良の対策といえそうである。

◇コローの盗難名画中四点は、結局、来日した仏内務省刑事局の美貌の敏腕警視正パレストラジらが持ち帰ることとなったが、その過程で、我が国の民法一九二条ないし一九四条を根拠に絵画の所有権を主張する所持者と、仏文化財法を根拠に公有財産である盗難絵画の返還を主張するフランス側との間で、法律論争が展開され、法例一〇条や国際捜査共助法一三条の解釈にも議論が及んだと聞く。自国の美術品に対する文化政策の相違が予期せぬ日仏文化摩擦に発展する危険があったわけである。

◇この秋のパリでは、歌舞伎の市川猿之助らによる「義経千本桜」の公演が大好評で迎えられ、これまでの芸術文化に対する功労として猿之助に officier 勲章等が授与されている。外国の文化の享受も我が国の文化の伝播も、相互に相手国の文化的伝統に対する正しい理解と尊敬の念なくしては不可能であることを、行く年の教訓にしたいものである。

今日、シャンゼリゼ劇場は、真紅の分厚い絨毯が敷かれ、もはや床を踏み鳴らして音を立てるすべはなく、競落を告げる査定官の象牙の槌（marteau en ivoire）音だけが、今世紀の激動のパリを見守ってきた巨大なシャンデリアに大きくこだましたにちがいない。

11 「マレーネ・デートリッヒが昼にテラスで日向ぼっこをし、……」
~異文化を飲み込むロマネ・コンティの芳醇な香りと「排外主義」とが盛られた〝腹にもたれる難問の皿〟の味わい方

（一九八八年一二月登載）

◇「マレーネ・デートリッヒが昼にテラスで日向ぼっこをし、リチャード・バートンは、リズ・テーラと仲睦まじく夕食を取った。シャルル・トレネは、いつもそこのテーブルにいて、エスプリが生き続けているのを見ていた。人々は、〝フーケ〟の素晴らしい時間を体験したのである。」(Marlène Dietrich a pris le soleil à midi à la terrasse, Richard Burton a dîné amoureusement avec Liz Taylor. Charles Trénet était toujours là, à table, pour témoigner que l'esprit n'a pas changé. Ils ont vécu les grandes heures du Fouquet's.)

パリの凱旋門から広がるシャンゼリゼ大通りを数百メートル下ると、右手に、テラスを舗道に臨むように配置したキャフェ・レストラン「フーケ」の鮮やかな深紅の幌が目に入ってくる。一八九九年創業のこの店は、レマルクの「凱旋門」の中で、主人公ラヴィックが「戦争が終わったらフーケで会おう。」と語ったその店であり、今でも、映画のセザール賞の受賞祝賀会場として有名であって、華やかなパリの雰囲気を漂わせている。その「フーケ」に閉店の危機が伝えられたのは、二年前、このビルの新しい家主になったクウェート人達の持株会社が、ここを収益率の高いショッピングアーケードやシャンゼリゼ通りを席巻しかけているファースト・フード店にするため、「フーケ」の追い出しを図ったという出来事のためである。そして、立退き期限の迫ったこの秋、パリの激動の歴史を見守ってきたこの店を惜しむ世論に押されて、ラング文化情報相は、ここを「思い出の場所」（lieu de mémoire）として文化財に加え、その存続を図ることとした。「思い出」を文化財として保護するこの措置は、歴史と伝統を尊ぶフランス人特有の過去へのこだわりを示すものなのであろうか、それとも、自らが築いてきた文化に対する自負の表れと見るべきなのであろうか？

◇同じくこの秋、ブルゴーニュの〝幻の名酒〟「ロマネ・コンティ」（Romanée-Conti）の販売等を行っているルロワ社への日本企業の資本参加が話題になったが、〝フランスの文化遺産の一部であるロマネ・コンティを外国企業の手に渡すな！〟といった世論を背景に、ベレゴボワ経済・財政・予算相は、これを認めないと言明した。

ロマネ・コンティは、ブルゴーニュ地方北部のコート・ドオル（Côte d'Or）の中にあるわずか一・八ヘクタールの狭いぶどう畑から手作りで作り出されるワインで、その潑剌としていながら艶やかで豊満な風味は、「ビロードの手袋をはいた鉄の手」（les mains de fer qui portent des gants de velours）とも称される好事家垂涎の的ともいえる名酒である。この名酒の故郷であるフランス中部の緩やかな丘陵地帯に広がるコート・ドール（黄金の斜面）の秋は、色付いたぶどうの低木の長い畝が夕日に映え、一面に黄金の絨毯を敷きつめたような景観を呈しているが、〝黄金の斜面〟の名の由来は、この景観ではなく、ここから生み出されるワインが千金の値があるためであるといわれている。正に、フランス人にとって、ワインは「食」の文化と歴史の中核なのである。「ロマネ・コンティはフランスのカテドラル（大聖堂）である。」とは、ナレ農業・林業相の言葉であるが、いみじくもこの国の人々のワインに対する思い入れの深さを表しているといえよう。

◇これまで、フランスは、文化に関しては、完全に〝開かれた国〟であった。外国からの文化の移入には驚く程寛大であり、絵画や演劇、音楽の分野においても、文化の創造の担い手として積極的に外人を登用することも、しばしばであった。フランスの文化は、それ程異文化を吸収し、同化していく力と魅力に充ち溢れていたともいえよう。しかし、最近のこの国の文化における排外主義の傾向は、一体何を意味するのであろうか？

◇我が国では、今年収穫したぶどうで作ったボージョレ・ヌーボの解禁を目指して空輸されたこの新酒の量は一八三万本に及び、本場顔負けのお祭騒ぎも現れたりしたそうである。フランスにおける市場原理や商業主義の登場は、このように、異国の文化を享受し消費する喜びを我々に与えてくれたのだが、同時に、それが文化を守り創造していくこととどう関係してくるのかという、腹にもたれる難問の皿をも残していったようである。

12 「サルバドール・ダリ ― 最後の巨匠の死」

～逆八の字髭を摘まんで頑迷なる通俗を皮肉った言葉の先に新しい価値観を見付け出すには……

（一九八九年三月登載）

◇波のない大海の中に突き出た岩床の上でまどろんでいる裸婦を目掛けて、二匹の虎が天空から襲いかかり、しかも、一頭目は、二頭目の口の中から飛び出し、二頭目は、巨大な魚の口から、そしてその魚は、大きなざくろの実の中から飛び出している。この奇怪で幻想的な情景は、一つ一つが精密な写実によって描写されているため、奇妙な臨場感を見る人に与えている。今年の一月末、シュールレアリズムの巨匠、サルバドール・ダリ（Salvador Dali）の死去に際し、雑誌フィガロは特集を組んだが、見開きの頁に紹介されたこの絵画には、次のようなコメントが付けられていた。「フロイトは、潜在意識の奥底に棲む怪物について語ったが、ダリは、これを白日の下にさらそうとした。彼は、この心の底を見透かす新しい手法を、〝変質狂的批判的方法〟と称した。それは、これまでの絵画の歴史の中で、最も独創的なものの一つである。」（Freud parlait des monstres qui vivent dans les replis obscurs du subconscient; Dali va les montrer en toute clarté Il appellera cette nouvelle formule de voyance la méthode 〝paranoïaque-critique〟, l'une des plus originales de toute l'histoire de la peinture.）

◇スペインのカタロニア出身の彼は、二五歳のとき、パリにおいて、その前衛的な絵画による個展を開いて華々しくデビューし、後期シュールレアリズムの旗手としての地位を確立したが、一九四〇年に米国に渡り、舞台装置、宝石のデザイン、ファッション、広告等にも天才ぶりを発揮し、大成功を収めた。一方、日常生活においては、人を食った数々の奇行で知られ、戦後は異常なまでの金銭欲やグルメぶりを発揮し、大いなる拝金趣味と揶揄されたりもした。また、「自由は無秩序さ。異端審問こそ秩序だ。」といった聖と俗を逆説的に捕らえた常識に挑戦する言動により、物議をかもしたことも度々である。しかし、細部に異常なまでの執着を見せた彼の画家としての冷徹な目と、怪奇ではあるが夢を感じさせる彼の卓抜した構図には、欧米近代の絵画芸術における伝統的な美の概念を突き崩す悪魔的な力を感ぜざるを得ない。彼の奇妙で俗悪な言動は、二〇世紀という偉大なる通俗に対する逆説的な告発なのかもしれない。

◇ところで、スペインのカタロニアは、ダリのほかもう一人、音楽の天才パブロ・ガザルス（Pablo CASALS）を輩出している。彼は、スペインのフランコ政権を嫌って、母国を離れ、ピレネー山麓にあるフランスの小都市プラートに住み、長い間ここを根拠地に、国際的な音楽活動を展開したが、幻想的で情熱的なカタロニア人の血がフランスの冷気を吸い、強固なリズムと躍如とした律動感に彩られた至上の音楽表現を生み出していった。昨年から、この今世紀最大のチェロの巨匠の没後一五年を記念して、彼の往年の演奏のモノラル録音が多数ＣＤとなって再発売されている。彼が自ら現代に甦らせたバッハの無伴奏チェロ組曲全六曲の演奏は、彼の開発による新しい演奏技術を駆使したもので、その自由奔放さによって、これまでの伝統的なバッハの演奏スタイルを突き破り、五線紙の中に秘匿されていた未知の美を開示することに成功している。彼の言動は、ダリとは反対に、高潔と慈愛に満ちたものであったが、その音楽的天才は、ダリと同様に、破壊と創造の飽くなき追求そのものであったといえよう。
◇カタロニア出身の二人の芸術家は、その表現方法は大きく異なってはいたものの、ともに、通俗を排し、徹底して真の新しい価値を追い求めた天才であった。そして今、カザルスの死はもはや遠く、「最後の巨匠の死」（Mort du dernier des Grands!）により、確かに、一つの時代の終焉を迎えたといえよう。そして、これが新しい時代の到来となるのかどうか？　残された我々は、時代を築く新しい価値秩序を創造する責務を負わされたのである。
「よく聞きなさい。私は、何としても滑稽になろうとしているのですよ。正に、滑稽以上に価値あるものなんてないのです。最も崇高な人物は皆滑稽だったのです。」（Ah, écoutez, je fais tout ce que je peux pour être ridicule, puisque vraiment il n'y a rien de plus. Tous les êtres les plus sublimes ont été ridicules.）かつて、フランスのテレビインタビューに答えて、ダリは、得意の逆八の字髭を摘んで、頑迷なる通俗をこんなふうに皮肉っているのだが……

13 「シャンゼリゼ通りの大群衆にとって、それは真夏の夢であった。」
～革命二〇〇周年を迎え、先進国首脳会議（サミット）を祝う騒ぎの中で紐解く歴史物語の味わい

（一九八九年九月登載）

◇「七月一四日！　革命二〇〇年祭か世紀のショーか？　シャンゼリゼ通りの大群衆にとって、それは、真夏の夜の夢であった。（14-Juillet:Bicentenaire ou show du siècle? Pour l'énorme foule des Champs-Elysées, ce fut le songe d'une nuit d'été.)

革命二〇〇周年を迎えたフランスは、先進国首脳会議（サミット）の開催日を革命記念日に合わせ、総額四億三千万フラン（約一〇〇億円）ともいわれる巨費を投じて革命式典を盛り上げた。特に、一四日深夜に行われた「ラ・マルセイエーズ」の大パレードは、七〇万人が見物に押し寄せ、空前の規模を誇る〝お祭騒ぎ〟であったという。

◇フランス革命の主役は、勿論新興ブルジョアジーであるが、実は、当時の司法の担い手も、重要な役を演じたのである。アンシャン・レジーム時代において、裁判は、国王の名において行われたが、その裁判官は、売官制と世襲制が広く行き渡り、その身分保障と相俟って、法服貴族（noblesse de robe）と呼ばれる特権階級を形成していた（これに対し、旧来の貴族は、帯剣貴族（noblesse d'épée）と呼ばれていた。）。当時、国王の財政は危機的状況にあり、ルイ一六世は、その打開策とし

て、それらの特権階級にも納税義務を負わせる税制改革を行おうとした。そこで、当時の最上級裁判所であったパルルマン（Parlement）は、帯剣貴族と一体となり、また、ブルジョアジーの助力を求め、国王に対し、エタ・ジェネロ（Etats généraux - 三部会）の開催を要求して抵抗した。そして、特権階級の利益を守るため、人数の少ない第一、第二身分（貴族階級、僧侶）の協力により議会を支配できるようにするため、ブルジョアジーの主張を退け、各身分毎に別個に議決する方式を採用した。このため、ブルジョアジーは、パルルマンも革命の阻害者であり、打倒すべき勢力であるとみなすようになった。このようにして、彼らの間に、司法部は社会改革を阻害する存在であるという強いイメージが形成され、フランスにおける司法不信の伝統が生まれるに至ったのである。

革命から今日まで、フランスでは、幾多の政治体制が生まれては消えていったが、この二〇〇年間、司法部が違憲立法審査権を与えられたことは一度としてなく、現在の第五共和制憲法においても、破棄院はこの権限を有せず、この権限は、司法部に属さない憲法院（Conseil constitutionnel）という別個の国家機関に与えられているが、これも、司法不信の伝統のなせるわざなのであろう。

◇ところで、革命の際に活躍し、その後ジャコバン党により刑場の露と消えたジロンド党は、ワインの産地ボルドーの新興ブルジョアジーを中心に結成されたものであるが、彼らの多くがぶどう園の所有者であったため、ギロチンの刃のため主がいなくなるぶどう園が続出した。これらは、国に没収されるなどした後、新しい所有者に引き継がれていった。ボルドーの「偉大なワイン」シャトー・ラフィット・ロートシルドはその典型であり、新所有者ロートシルド（ロスチャイルド）男爵の手で、今日の名声が築かれたものである。また、ブルゴーニュのぶどう園は、中世以来、修道院が所有するものが多かったが、革命により修道院の財産が没収され、ぶどう園も小作農家に払い下げられた。しかも、ナポレオン法典により均分相続が定められたため、ここのぶどう園は、クリマと呼ばれる極めて小規模の畑に分割され、それが今日、ブルゴーニュワインの驚くべき多様性を生み出しているのである。

◇秋の夜長、ルビー色の美酒の芳醇な香りに浸りながら、こんな風に二〇〇年前の歴史物語をひもとくのも、また一興というべきであろう。

14 「鵜と戦争しているのだろうか?」

～全身に原油を浴びて岩礁に佇む鵜が暗示する汚染された海洋の未来

（一九九一年三月登載）

◇岩礁の上に、どす黒い原油を全身に浴びた一羽の海鳥が呆然と海を見つめて佇んでいる写真が、雑誌フィガロに大きく掲載された。嘴の先端が鋭くかぎ状に曲がっていることと全体のシルエットから、「うみう」の一種であることが辛うじて知れるが、特徴的な頬の白斑も見えず、唯一原油の汚染を免れたこの鳥の目のギラリとした輝きが、何かを訴えているようである。

「鵜と戦争しているのだろうか？　湾岸戦争から九日目になって、黒い潮が海岸に砕けて散った。それは、どす黒いうねりとなって重苦しい磯波の音を立て、死と鋼の色をしており、鳥達にとってはねばねばした屍衣であった！」（La guerre aux cormorans? Au neuvième jour de la guerre, la marée noire déferla donc sur le Golf; avec son lourd ressac de vagues plombées, couleur de mort et d'acier, linceul gluant pour volatiles!）

◇「黒い潮」（marée noire）は、フランス人にとって、海洋汚染を想起させる忌まわしい響きを持つ言葉である。一九六七年、英仏海峡でタンカー「トリー・キャニオン号」が沈没して大規模な原油流失事故を起こしたことがあったが、ノルマンディー海岸に打ち寄せた原油の波は、おびただしい海鳥の死を招き、そのため、「黒い潮」という不吉な名で呼ばれたのである。

一月の後半、湾岸戦争でクウェート沖に放出された原油は、数百万バレルに達する見込みで、過去最大の原油流失事故であった一九八九年のアラスカ沖のタンカー事故のときの一〇数倍の流失量であり、ペルシャ湾を死の海に変えようとしている。

◇写真の鳥は、ペルシャ鵜と呼ばれるもので、居住地域への愛着が強く、岩礁の巣を捨てることはない。そして、近くの海に潜って魚類を採る習性があるため、餌を採る度に、黒い潮が羽の中に入り、体温を奪われ、浮力を失うことになるのである。おまけに、海洋の表面が油のため大気との酸素交換ができなくなり、プランクトンの生成を阻害し、魚類が酸欠状態になるほか、原油はタールの球になって沈殿して海底を覆い、貝、海老や海底に住む魚は餌場を奪われ、死滅していくため、鵜の餌もなくなる運命にある。

この海域には、人魚のモデルといわれるジュゴンやマイタイという海亀等絶滅のおそれのある貴重な野生動物が生息しているが、餌場や産卵地が消滅して壊滅的な打撃を受ける可能性があり、マングローブの林も危機的状況に陥る等、生態系が完全に破壊されるおそれが出ているという。そして、閉鎖性の強いペルシャ湾の海水が完全に新しくなるには、今後二〇〇年の年月を要するという専門家もいる。

この途方もない海洋汚染は、原油の流失量があまりにも多過ぎ、その回収や分解も現実には困難という見方が強く、「黒い潮」が打ち寄せる湾岸の情景は、破壊された環境は二度と蘇らないことを絵に描いて見せたかのようである。油の泥海を睨んで動かない「うみう」の姿は、やがて訪れる絶望的な未来を暗示している。
◇「鳥達は、風に乗って西の海に集まる。さあ、飛翔せよ、幸福よ。昔の夏、海岸の果てるところで、すべてが深い眠りについていたのだ。」（Les oiseaux sur le vent dans l'Ouest marin s'engagent, Il faut voler, bonheur, à l'ancien été, Tout endormi profond où cesse le rivage.）
フランスの女流詩人カトリーヌ・ポジ（Catherine Pozzi）の「幻影」と題する詩の一節であるが、ここでも、海を飛翔する鳥達は幸福の象徴であったのである。悪夢のような戦争が終わった後、「うみう」が、緑色の翼を広げて、ペルシャ湾の青い波をかすめて低く飛ぶ姿を見る日が、一日も早く到来することを祈らずにはいられない。

15 「ラ・ボエーム！　ラ・ボエーム！　それは君が美しいということ。」
～シャルル・アズナブールのアルメニア人特有の哀調を帯びた歌声は、フランスのエスプリを湛えているのだが……

（一九九一年六月登載）

◇「近くのカフェでは、僕達は栄光を夢見る若者だった。たとえ空腹で惨めな思いをしていても、輝く未来を信じ続けた。」（Dans les cafés voisins nous étions quelque uns qui attendions la gloire, et bien que miséreux, avec le ventre creux nous ne cessions d'y croire.）

一脚の椅子があるだけの舞台で、かかとの高い靴と黒一色の衣装が小柄で細身のシルエットを映し出すと、彼は、白いハンカチを右手に持って、貧しい画学生の青春の夢と挫折とを切々と歌い上げた。先月、最後の来日公演を行ったシャルル・アズナブールの十八番「ラ・ボエーム」の一節である。

このフランスを代表するシャンソン界の大御所は、しかしながら、トルコから移住してきたアルメニア人である。彼のほかにも、イブ・モンタン、エンリコ・マシアス、ナナムスクリ、ジョルジュ・ムスタキ等シャンソン界のスターには外国人が目白押しであるが、この国では、絵画、文学、ファッション等の文化の各分野においても、同様の状況が見られるのである。

◇フランスでは、多種多様な種族が融合して生活しており、フランス人という人種は存在しない。おまけに、この国は、不足する労働力を外国人労働者に求めて移民を広く迎え入れてきたほか、政治亡命者や留学生・研究者も積極的に受け入れるという歴史と伝統を有している。その結果、現在では、一三万人の留学生を含めた約四五〇万人の外国人がこの国に在住し、文化・社会の構築に寄与している。

そこで、「フランス人」とは、この国に住み、フランス語を使い、この国の価値観を受け入れた人物であるということになり、藤田嗣治や高田賢三もこの国のひとというわけである。フランスがこのように外に開かれた国家であることは、人種、宗教ないし習俗、文化等において驚くべき多様性を生み出し、それが国民としての連帯よりも個別化、他者との違いばかり強調する少数意見の乱立等といった社会状況を現出させている。そして、これらの遠心的な諸要素を一つの国家としてまとめていく求心化装置が、絶対王制時代に淵源を有する優秀な官僚機構であり、あるいは、異種の文化を吸収し感化・統合していくフランス文化なのであろう。

◇「我々は、現実には、日本人とは対等の武器で戦うことはできない。彼らの経済・社会のシステムや生活水準は、我々とは余りにも異なっている。ＥＣ諸国は、どんなことがあっても、しばらくの間はその市場を開放すべきではない。」(Nous ne pouvons actuellement lutter à armes égales avec les Japonais. Leur système économique, social, leur niveau de vie sont trop différents de nôtres. Les Douze ne doivent en aucun cas ouvrir librement leur marché avant une très longue période.) フランス自動車メーカーのプジョーの社長ジャック・カルベ氏は、最近、雑誌で、日本車輸入問題について苦々しい調子でこう語っている。そして、新聞報道によれば、時をほぼ同じくして、先月一六日に電撃的に首相に抜擢されたエディット・クレソン女史も、就任直後のテレビインタビューで全く同旨の発言をし、「フランス・ナショナリズム」を鼓舞したという。これまでにないこのような排外的な言辞の連続は、異様な感じを与えるものである。

一方、最近、アカデミーフランセーズは、フランス語の綴りの改革案を決定した。この改革案の中には、アクサン・シルコンフレックス（ˆ）の廃止や発音と綴りとの関係における例外の廃止等が含まれており、アクサンがなくなると、窓（fenêtre）に鎧戸を付けられなくなるとか、Paris が Pari になってしまい、昔のパリはなくなる等といった感情的な反論も巻き起こっている。

この改革案は、フランス語を諸外国により広く行き渡らせることも意図していると言われているが、この国の「フランス文化普遍化・膨張化」の加速された動きの表れなのであろうか。

◇これらの出来事は、今日、この国の歴史と伝統に輝く社会と文化のシステムの自信の無さを示しているという声も囁かれている。「ラ・ボエーム！　ラ・ボエーム！　それは君が美しいということ……」（La bohême, la bohême, Ça voulait dire tu es jolie.）アズナブールのしわがれた声は、アルメニア人特有の哀調を帯びてはいるが、紛れもないフランスのエスプリを湛えており、今も我々の心を捕らえて離さない魅力を持っているのではあるのだが……

16 「ポール・ボキューズは軍を召集した。なぜなら、彼はマクドナルドから挑発されたと感じているからである。」

~世界に冠たる伝統料理と新興のファースト・フードとの料理戦争は、文明の衝突なのであろうか?

(一九九二年四月登載)

◇白いコック帽のシェフ長は、真赤な傘を差して白馬に股がり、右手には、ハンバーグとパンのファースト・フード食品を串刺しにした槍を構え、仲間のシェフを従えて、いざ出陣といった出立ちである。「それは、正に、世界的規模を持つ料理とこの国本来の料理との間の料理戦争である。ポール・ボギューズは、軍を召集した。なぜなら、彼はマクドナルドから挑発されたと感じているからである。」(C'est la guerre cuisine enracinée contre cuisine planétaire. Paul Bocuse mobilise. Parce qu'il s'estime gravement provoqué par Mc Donald's.)

フランスの雑誌フィガロは、最近、シェフ殿の突撃の写真を大きく掲げ、世界に冠たるフランス料理と世界を席捲しつつあるファースト・フードとの対決を、ユーモアを交えながら報道した。

◇このシェフ長ポール・ボギューズ氏は、ご存じのとおり、フランス料理界の大御所で、リヨンに自己の名を店名にした三つ星のレストランを経営するかたわら、料理学校を経営してその技術と思想を広める等、芸術の一分野とされているフランス料理の普及に努めている人物である。

戦争の発端は、パリのシャンゼリゼ通りに開店しているこのファースト・フード店が、宣伝用のポスターに、ボギューズ氏とその弟子達が彼のレストランの厨房でメニューの相談をしている写真を盗用して、彼らがファースト・フード食品の名を連呼しているように改変したパロディー広告を作成した出来事であると報道されている。「それは、世界的なファースト・フードの戦略に対して、この国固有の料理の伝統が生き残れるかどうかが問われている。」と随分と深刻な調子である。

◇この国の伝統の一部を担うフランス料理が芸術の一分野として様式化され、洗練されてきたのは、一六世紀のルイ一四世時代の宮廷の饗宴を始まりとするといわれているが、その内容は、時代とともに変容している。王侯貴族のお抱え料理人による過剰な香辛料入りのもの、味の均質化を基礎にした個性的なブルジョア家庭料理、ホテルの隆盛に伴う富裕階級のための洗練された料理、交通機関の発達につれて普及した地方料理、旧来の脂肪過多の濃厚な料理が敬遠され、新鮮な素材で軽いソースを用いたいわゆるヌーベル・キュイジーヌ等々、社会の支配層や経済・風俗の変化が食の変化をもたらしてきた。

また、この国の国民の料理に対する執着は尋常なものではなく、芸術作品にも、食事の場面がよく登場する。前にも記したが、プッチーニの歌劇「ボエーム」は、パリの下町を舞台にした貧しい詩人と美しい娘との悲恋物語だが、わずかな金を手にした彼らが仲間とレストランで食事をし、青春の喜びを分かち合うという第二幕の華やかな舞台が、暗いドラマに光を与えているし、ジョルジュ・シムノンの人気の探偵小説「メグレ警視」シリーズでも、メグレが下町のビストロで食べる田舎料理の数々が、彼の温かい人間性の描写に利用されている。
◇ところで、ファースト・フード店の出現は、一七世紀に遡るとされているこの国のカフェの現状にも影響を与えており、ファースト・フード店ができると半径五〇〇メートル圏内のカフェの売上が三割以上落ちるとまでいわれている。ここ数年、カフェは、毎年四〇〇〇軒程度が店仕舞いをし、かつては五〇万軒を超えるといわれたものが一昨年はわずか七万軒に減っているという。この国の文化や芸術の歴史と共に歩んできたカフェの歴史も、また、変容を迫られているのであろうか。
◇これらの近年の食文化の変容は、家賃の高騰により郊外に移った人達が、長距離通勤等のため、食事や喫茶に時間を取れなくなったり、あるいは、急速なテンポで目まぐるしく変動する今日の社会が、一杯のコーヒー、一皿の料理を前に長い時間を過ごすような余裕を人々から奪いつつあるためなのであろうか。
◇「その国の国民の運命は、彼らがどのような食生活を送っているかにかかっている。」（La destinée des nations dépend de la manière dont elles se nourrissent.）ブリヤ・サラバンの美味礼賛の言葉は、この国の現状を的確に言い当てているようでもある。もっとも、「豪華な料理は、自己に懐疑的になった文明の最後の避難所である。」（La grande cuisine est le dernier refuge des civilisation qui doutent d'elles-mêmes.）という別の名句もあるのだが……

17 「洋梨とチーズの間で」

～「のんびりとくつろいで」食事を楽しむ至福のひとときか、チーズの王様「ブリ」の生産地でのディズニーランドのアトラクションの魅力か……

（一九九二年七月登載）

◇「ここはドラゴンの支配する国。〝眠れる森の美女〟の王子があまり怖そうには見えない一頭と立ち向かっている。」（Au royaumes des dragons, Le prince de la Belle au bois dormant affronte ici l'un des moins redoutables.）赤い羽根の帽子とマントをまとった王子が、首を揺すり、炎を吐いてはいないが大きく口を開けた巨大なドラゴンと闘争している場面を再現した巨大なアトラクションが、薔薇色に舗装されたメインストリートを練り歩いている。そんな写真が、フランスのある雑誌に大きく掲載された。

「ハロー、ディズニー！　みんな、夢の世界へいらっしゃい。」（HELLO DISNEY! ENTREZ DANS LE REVE.）この春、パリ近郊のブリ地方（Brie）のど真ん中に開園した「ユーロ・ディズニーランド」で行われるパレードの呼び物は、「眠れる森の美女」の出し物である。「米国文化によるフランス文化への侵略である。」といった根強い批判の中での開園であったが、人気は上々のようである。

◇この国の歴史と伝統を体現した文化も、今や米国流の消費文化に侵略されつつあるという危機意識は、フランス文化至上主義者ならずとも薄々感じているところかもしれない。ファースト・フード店の急増によるカフェやレストランの衰退、映画や芸能分野におけるアメリカ勢力の進攻等、娯楽の分野でも米国流の大衆消費文化が隆盛となり、ミッキーマウスの上陸がそのとどめを刺したというわけであろうか。

この「文化侵略」の批判をかわすためか、ユーロ・ディズニーランドは、ロサンゼルス、フロリダ及び浦安のものとは一味違った独自性を打ち出した等と宣伝されている。世界各国の大自然を三六〇度のパノラマスクリーンに映し出すアトラクションでは、欧州特にフランスの映像が多く、トムソーヤの冒険等をテーマにした純粋のアメリカ的なアトラクションはなく、また、シンボルタワーともいうべき中心に建設されたお城は、他のディズニーランドではシンデレラ城となっているが、ここでは眠れる森の美女の城ということになっており、その壁は青ではなくブリ地方の田園風景に合った淡い薔薇色に輝いている。そして、そもそも、シンデレラも眠れる森の美女も、すべてフランスの著名な童話作家シャルル・ペロー（Charles Perrault）の作品からとったものであり、ディズニーのキャラクターの多くは欧州に起源がある等と説明されている。

しかし、この程度のことで、ミッキーがフランス文化に融合しているということはできないであろう。

ここでは、六つのホテルと三九のレストランが設けられているが、各室の内装は開放的で簡素なものであり、塩をふって焼いただけの厚切りボーンステーキとパパイヤ、ジャガイモ等が雑然と一つの皿に盛られたり、トウモロコシをそのまま焼いて食べるメニュー等もあって、これらは生粋のアメリカを感じさせるものである。
◇この〝アメリカの飛び地（Une enclave américaine）〟を抱えることになったブリ地方は、パリから三〇キロ離れた田園地帯で、この地方特産の白カビチーズのブリは、チーズの王様（Le Roi de Fromages）といわれ、一二世紀にフランスが独立国家として歴史に登場した時の最初の王フィリップ・オーギュストの御用達になったという生粋のフランス産であり、第一次世界大戦後ウィーン会議の際、各国のチーズを取り寄せて「会議は踊る」品評会が行われたときに栄誉を勝ち得たものである。正に、この国の食の伝統と文化を体現した逸品なのである。
◇「洋梨とチーズの間で」（entre la poire et le fromage）とは、長い美味饗宴の終りころ、「のんびりとくつろいで」という意味であり、食事に執着するフランス人にとっては至福のひとときなのであるが、ブリを味わうことなく手短に済ませるこの「飛び地」での食事が、フランスの食文化にどのような味わいを与えていくのか、新しいディズニーのアトラクションとともに、興味津々といったところである。

18 「彼女は我がもの顔で街中を走り回っている。」

〜安い農産物等が国外から流入することへの苛立ちと、パリの石畳を軽快に走り回る日本車のエンジン音とのハーモニー

（一九九三年四月登載）

◇「彼女は、我がもの顔で街中を走り回っている。彼女は、レトロ調の装いで、先端技術を隠しているのだ。」（Elle croque la ville à belle dents! Sous son air rétro, elle cache une technologie de pointe.）フランスの雑誌が紹介した「彼女」とは、昨年度ヨーロッパ大賞を受賞した日本の小型乗用車のことである。「croque〜à belle dents」とは、バリバリと音を立てて噛ることをいうが、小柄でふっくらした彼女が心地好いエンジン音を立てて石畳の道を走る姿があちこちで見られる様子を表現したものであろう。パリの街中に日本車が登場する風景は、何か新しい時代の到来を予感させるものがある。

◇また、ある雑誌では、「テレビゲームは癲癇を引き起こすのか？　これは重大事なのですか、博士？」（Les jeux vidéo provoquent-ils l'épilepsie? C'est grave, Docteur?）といった大見出しの下、癲癇についての世界的権威であるロベール・ナッケ博士が愉快そうにテレビゲームに興じている見開き両頁にわたる写真が掲載された。この国で、テレビゲームは、昨年一年間でなんと三〇〇万台の売上を記録し、この国の子供連をとりこにした感があるが、この記事は、最近世の親達を震え上がらせたこの問題について大特集を組んだものである。「パニックになることはありませんよ。癲癇の痙攣を起

こす傾向のある人以外は、何も危険はありません。」初めてテレビゲームを経験したという博士の悪戯っぽい笑顔が、読者の安心を誘ったようであるが、我が国の家庭と同じ光景、同じ心配が、この国に引っ越してきたという奇妙な親しみを感じさせるものである。

◇更にもうひとつ。昨年、雑誌に、ミラーボールきらめく中、小さな舞台でマイク片手に熱唱するフランスのギャル達のはしゃいだ写真が掲載された。この国におけるＫＡＲＡＯＫＥの流行は、今や一つの社会現象となっているが、若者中心のお祭り騒ぎ風のものが多くて、自己陶酔的で暗い（？）我が国とは様相が多少異なるにせよ、人生の哀愁を語るシャンソン文化とは異質な我が国の風俗の流入である。

◇この春、フランスは、騒然とした政治的社会的状況に置かれている。国民議会議員の総選挙における与野党を巻き込んだ政界の混乱、社会党幹部を巡る様々なスキャンダルの続発による政治不信、欧州共同体成立後の安い農産物や魚貝類の流入による影響を懸念する中南部地方の農民や、ほたて貝やムール貝で生計を立てるブルターニュ地方の漁民達のいらだち、景気の長期にわたる低迷と二九八万人に達する失業者の増加を招いた政府の経済政策の破綻、主要産業部門での企業再編と人員整理等々、現体制への不満、不信は増大し、まるで革命前夜を思わせるような騒然たる雰囲気に包まれ、ド・ゴール以来続いている第五共和制の末期的な症状とも思われる様相さえ見せ始めている。

◇フランスの政治・社会は、ある意味で、「市民のバリケード」により改革を進めてきた歴史であるといえようが、今日の資本主義経済体制の成熟は、もはやこのようなドラスティックな改革は不可能な状況を招来させており、この春の騒然たる状況は、「市民のバリケード」に替わる変化のきざしなのかもしれない。

そんな情勢下で、このように我が国の文化や風俗がそのままの形でこの国の社会に受け入れられていることは、何を意味するのであろうか？　誇り高き文化大国と認められてきたこの国の文化的エネルギーの衰退を示すものなのか、はたまた、アジアの異質な文化、風俗にまで手を広げ、これを自国の文化に融合しようというフランス文化の新たな試みなのであろうか？　いずれにしろ、これまでと違った変化のきざしが感じられるのである。

「我々は、後ろ向きになりながら未来に突入していく。」（Nous entrons dans l'avenir à reculons.）未来を予見することの危険を説くポール・ヴァレリーの言葉であるが、ここしばらくは、議論をやめて、彼女の変わり様をそっと見守ることにしよう。

19　「誘惑から免れる唯一の方法は、誘惑に身を委ねることである。」
～「あらゆるものを犠牲にする」フランス人の料理へのこだわりに乾杯！

（一九九三年一〇月登載）

◇「デュカスの店での一夜は、正に、あらゆるものを犠牲にするに値するものだ。材料の質に異常にこだわるこの世界的なシェフは、オスカー・ワイルドを引用して、次のようなメッセージを伝えている。〝誘惑から免れる唯一の方法は、誘惑に身を委ねることである。〟」（Une soirée chez Ducass vaut vraiment tous les sacrifices. Ce chef planétaire, fou de la qualité des produits, délivre son message sous forme d'une citation d'Oscar Wild. "Le seul moyen de se délivrer de la tentation, c'est d'y céder.")

モンテカルロのカジノ広場にあるホテルでレストランを営むこの料理人を礼賛するいささか大げさな表現の紹介記事が、フランスの雑誌に大きく掲載されている。「あらゆるものを犠牲にするに値する」料理は、六八〇フラン（約一万七〇〇〇円）と七九〇フラン（約一万九七五〇円）の二コースで少々お高いものだが、食べることに異常に執着し、料理を芸術の一部と考えるお国柄を思えば、この大げさな表現、値段も理解できなくはない。

◇最近、フランス人の料理へのこだわり度を示すエピソードが三つ紹介された。

「味のフランス、効率の日本」という見出しの八月一四日の朝日新聞の記事によれば、プノンペンのＵＮＴＡＣ本部で、参加各国部隊の給食コンテストが行われ、日本とフランスが最優秀賞を勝ち得たという。フランス部隊の給食は、ワイン抜きで、カマンベールチーズではなくプロセスチーズであったが、その鶏肉の美味なることが評価され（ただし、食後にゴミが沢山でることが問題点として指摘された由）、一方、日本部隊の給食は、パック詰めの米飯、漬物及び肉のパイで、調理の必要がなくバランスの良いことが評価された。もっとも、人気はフランスの給食が群を抜いていたという。さもありなんというべきであろうか。

また、各国のジャーナリズムは、こぞって、昨年四月にパリ郊外に開園したユーロ・ディズニーランドが、最近、内外の要望に応えて、園内禁酒の原則を曲げて三二のレストランのうち五か所でワインの提供を始めたというニュースを伝えている。アトラクションを数多く回るため、食事もそこそこに忙しく動き回るさる国の様相とは異なり、食事を楽しむことを最優先するこの国ならではの出来事である。

さらにもう一つ。世界最高のシェフ四〇人をメンバーとする「シェフ中のシェフのクラブ」の年次総会がこの夏パリで開催されたが、フランス大統領府の料理人ノルマン氏は、食通で知られるミッテラン大統領がジビエ（鶉、野兎等の野生の鳥獣料理）が嫌いであるという国家機密（？）を暴露している。ジビエは、この国の上流階級においては垂涎ものの料理であるが、大統領のお里が知れる等と陰口をきく者もおり、こと料理に関するとなると、軽い話題とはいかないようである。

◇この国の食文化の歴史はルネッサンス期から始まるとされているが、ルイ一四世による絶対王制時代に、ヴェルサイユ宮殿において連日各国の賓客を招いて饗宴が行われたことによって、フランス料理が世界に広まる契機となり、フランス大革命により王侯貴族が滅んだため、その料理人達がパリに勃興していたレストランに職を求めたことが今日の隆盛の基となったと言われている。その後も、この国の食文化の歴史は、ブルジョアジーの台頭、大衆社会の出現、貧富の差の増大等の社会階層の変化の影響を受けて様々に変遷を重ねてきており、昨今のアメリカ風のファーストフードの出現と隆盛は、三〇〇万人に達する失業者や移民労働者の急増など食事を楽しむいとまのない低所得層が拡大しためであるという分析も見られるところである。

◇「フランスの偉大さと美しさ、それは、ほかの国の人々より腹を出していないことである。」（La grandeur et la beauté de la France, c'est qu'elle prend moins de ventre que les autres peuples.）これは、現状に満足せず、常に前進するフランス人気質を文学的表現で讃えたビクトル・ユーゴーの「レ・ミゼラブル」の中の一節であるが、今後もこの国の食文化にこだわり続ける姿勢に期待しながら、味覚の秋を迎えることにしよう。

20 「フィギアスケートでのキャンデロロの演技と名優ジャン・ルイ・バローのパントマイム」

〜映画・演劇文化の栄光ある時代は、再び到来するのだろうか？

（一九九四年四月登載）

◇星条旗を身にまとった長髪の彼は、アイスリンクを、スケート靴を履いたまま走り出し、そのあげく、上半身裸になってとんぼ返りをするなどの派手なアクションを繰り返して観客の喝采を浴びていた。リレハンメル・オリンピックのフィギュアスケート競技の最終日に行われたエキシビションでの一場面である。

銅メダルを獲得したキャンデロロ選手は、フランスの代表であるが、高度なテクニックと芸術性が要求される本番の演技とは異なり、アメリカ映画「ロッキー」をもじった大げさな演技の方が、大衆受けし、お祭り騒ぎのエキシビションに相応しいと考えたのに違いない。

このところ、フランスではアメリカ映画の人気が高く、昨年暮れに封切られた「ジュラシックパーク」は、六週間で一一七万人もの観客を動員して話題となったという。大仕掛けで派手なアクションが売り物のアメリカの映画やテレビ作品（ＡＶ。いわゆるオーディオ・ビジュアル）は、すっかりこの国を含む欧州の視聴者の心をつかんだようで、一昨年にアメリカが欧州に輸出したＡＶは、三六億六千万ドルに達し、欧州製のＡＶの輸入が二億八千万ドルであるのと対比すると、大幅な輸出超となっている。

◇「ゴールデンアワーに放映されるテレビ番組は、ほとんどが見るに耐えないしろものである。俗悪さは、大衆性とは異なるものだ。それは、創意豊かな才能が欠如しているだけであって、エリート主義を拒絶するのとは訳が違う。ガットでは、しっかりと、我々の文化の保護を勝ち獲ることを、期待しよう。」（Le spectacle de la télévision est le plus souvent affligeant aux heures de plus grande écoute. La vulgarité n'est pas la popularité. La manque de génie inventif n'est pas le refus de l'élitisme. Espérons obtenir une protection de notre culture au GATT, certes.）

昨年暮れに行われたガットの新多角的貿易交渉において、米仏間で最後までもめた事項の一つが、ＡＶを通商交渉の対象にするか否かであり、当面は、これを拒否するフランスの主張が通った形で終わったが、その背景には、洪水のように押し寄せる米国製のＡＶがこの国を席捲し、伝統的なフランスの映画、演劇、音楽の文化を危機に陥れているという実情があるようである。雑誌フィガロに掲載されたアメリカ製のテレビ番組を嫌悪するこの識者の率直な意見も、「民族の魂を商業化してはならない」といういわばフランス版「コメ問題」の深刻さを表しているともいえよう。

かつて、この国の映画文化の全盛時代を築いたトリュフォー、ゴダール、ルイ・マル等のヌーベルバーグ（nouvelle vague）の旗手は、今はなく、フランス映画の製作が、国の税優遇策、国庫補助金等によりかろうじて支えられている現状では、テレビ放送の六割以上を欧州製番組とし、そのうち三分の二をフランス製とするなどという強力な規制を設けているこの国の文化保護の政策は、当分続きそうな様相である。

◇二か月ほど前、かつてこの国の演劇、映像文化を支えた偉大なる俳優兼演出家のジャン・ルイ・バロー（Jean Luis Barrault）の死が大きく報道された。「天井桟敷の人々」（les Enfants du paradis）のバティスト（Baptiste）役で入神の技ともいうべき絶妙のパントマイムを見せた彼の姿を鮮明に記憶している人々にとって、彼の死は、この国の映画、演劇文化の栄光ある時代の終わりを予感させるものであったのかもしれない。

「秩序は理性の歓びであるが、無秩序は想像力の悦楽である。」（L'ordre est le plaisir, mais le désordre est le délice de l'imagination.）ジャン・ルイ・バローが演出、主演して大成功を収めたクローデル劇の傑作「繻子の靴」の序文の一節であるが、この国の芸術家、演出家が、規制の枠内で安住することなく、今後も、想像力豊かな感性の溢れる作品を味わう悦びを我々に与えてくれることを、心から願わずにはおられない。

21 「祖国の問題というのは、その根源を探ると、おそらく言語の問題に帰着するのだ。」
～崇高な理念がしっかりと花開くための産みの苦しみは今……

（一九九五年四月登載）

◇「新年の挨拶の中で、ミッテラン仏大統領は、国民に対し、フランスの運命をヨーロッパの運命から切り離してはならないことを改めて訴えた。」(Dans son message de Nouvel An, le président de la République a de nouveau appelé les Français à ne pas dissocier la sort de la France de celui de l'Europe.)

一九九三年一一月に、マーストリヒト条約（欧州連合条約）の発効によって発足した欧州連合（l'Union européenne, 略称はＥＵ）は、今年の一月一日に、新たにオーストリア、スウェーデン及びフィンランドが加盟することによって、一五か国の構成となり、近い将来、中東欧諸国の加盟も予定され、拡大、発展へ向かっての歩みを始めている。そして、フランスは、本年一月から六月まで議長国を務め、統合の実現へ向けてのかじ取りを担うこととなった。ルモンド紙が紹介したミッテラン大統領のこの年頭の辞は、二期一四年間の任期を終えるに当たり、この国の将来を欧州連合に賭けてきた彼の政治的遺言とでもいうべきものであろう。

◇しかし、加盟国が増えた今日、欧州連合内では、使用される公用語をどうするかというやっかいな問題が生じているという。

加盟国が使用するすべての言語を公用語とするという従来の方針に従えば、公用語は、これまでの九か国語にスウェーデン語とフィンランド語を加えた一一か国語ということになるが、通訳、翻訳のために増大する人件費や作業量は限界に近づいており、欧州連合にとって、多文化・多言語主義を堅持することは困難な状況となっている。そうなると、公用語の数を制限せざるを得ないことになるが、この点の各国の利害は対立し、いわば、国家の連合体内における民族問題の様相を呈してきている。

一九九三年、欧州合同軍の発足に際しては、当初、公用語としてはフランス語とドイツ語の二言語が予定されていた。公用語を増やせば作戦能率が落ちるという理由によるものである。しかし、ベルギー国防相は、第一次世界大戦におけるベルギー西部戦線で、ベルギー北部のフランドル地方出身の兵士が司令官の話すフランス語が分からず、そのため数万人が犠牲になったという故事を持ち出し、フラマン語（オランダ語の一方言で、ベルギー語の公用語）を軍の公用語に加えるよう主張し、容れられた由である。この合同軍にはスペインも参加を表明しており、そうなると、スペインにおける国の公用語と自治州の公用語間の激しい対立がここに持ち込まれ、カスティーリャ語（スペイン語）のほかカタルーニャ語、バスク語等も加えられるということにでもなれば、合同軍の命令が伝達されるまでには日が暮れるというジョークも飛び出しそうである。

◇「祖国の問題というのは、その根源を探ると、おそらく言語の問題に帰着するものだ。」（Le problème de la patrie n'est peut-être, au fond, qu'un problème de langage.）マルタン・デュ・ガールの「チボー家の人々」第七部において、ジャックが同志に愛国心の重要性を説く一節であるが、言語の問題が、国家や民族の文化、伝統等と切り離せないものであるとすれば、経済、通貨、治安体制等を共通にする連合国家像を理想として出発した欧州連合は、ここで思わぬ民族国家問題に遭遇したようである。

◇母国語に対する高い誇りを持つフランスにとっては、モンテーニュの言うように、「パリの中央市場で使われる言葉（les mots qui servent aux Halles à Paris）だけを使いたいというところであろうが、欧州連合の盟主の立場からすると、言語の壁が真の統合に対する障害にならぬよう各国の意思疎通を図ることが肝要ということになろう。利害対立と相互不信が数多くの悲惨な戦争を招いた体験を踏まえ、共通の経済・通貨・治安体制の構築により恒久的な平和の実現を目指す欧州連合の歴史的な試みは、多すぎる言語という思わぬ民族問題の壁に直面してしまった。崇高な理念がしっかりと花咲くのは何時になるのか、産みの苦しみは今しばらく続きそうである。

＊本書第一部二掲載の楽曲（すべて中島みゆき作詞・作曲）について、以下のように許諾を得た（2020年７月21日）。

㈱ヤマハミュージックエンタテインメントホールディングス
出版許諾番号20343P

タクシー・ドライバー（23-24頁）

わかれうた（24頁）

怜子（25頁）

化粧（25頁）

ファイト！（26-27頁）

誕生（28-30頁）

命の別名（30-31頁）

ローリング（31頁）

maybe（35頁）

ライカ M4（37頁）

愛だけを残せ（39頁）

［著者略歴］
千葉 勝美（ちば かつみ）

元最高裁判所判事・弁護士
1970年東京大学法学部卒業。1972年判事補任官後、東京地裁判事、最高裁秘書課長・広報課長、最高裁民事局長・行政局長、甲府地方・家庭裁判所所長、東京高裁部総括判事、最高裁首席調査官、仙台高裁長官を経て、2009年12月から2016年８月まで最高裁判事。同年10月弁護士登録。
主著として、『違憲審査――その焦点の定め方』（有斐閣、2017年）、『憲法判例と裁判官の視線――その先に見ていた世界』（有斐閣、2019年）

判事《はんじ》がメガネをはずすとき
――最高裁判事《さいこうさいはんじ》が見続《みつづ》けてきた世界《せかい》

2020年8月30日　第１版第１刷発行

著　者　千葉勝美
発行所　株式会社 日本評論社
〒170-8474 東京都豊島区南大塚3-12-4
電話 03-3987-8592　FAX 03-3987-8596
振替 00100-3-16　https://www.nippyo.co.jp/
印刷所　精文堂印刷
製本所　難波製本
装　幀　有田睦美

ISBN978-4-535-52505-4　Printed in Japan